人口減少と大規模開発

コンパクトとインバウンドの暴走

中山 徹 著

自治体研究社

はじめに

　2008年、日本の人口はピークを迎えました。1億2808万人です。その後、本格的な人口減少社会に突入しました。すでにピーク時から115万人の人口が減っており、その減少幅は年々拡大していきます。

　普通に考えますと、人口減少が進めば、大規模な開発計画は下火になりそうです。ところが人口減少が本格化しているのと反比例する形で、大規模開発計画があちらこちらで立案されており、まだまだ増えそうな勢いです。なぜこのような奇妙なことが起こっているのでしょうか。そもそもこのようなことで人口減少社会を乗り越えられるのでしょうか。

　本書の1章では、自治体が大規模開発に邁進しだした背景としてアベノミクスによる公共事業政策の変化をとらえます。また、ローカルアベノミクスが掲げられていますが、それは一体何を意味するのかを考えます。

　2章、3章、4章では大規模開発に邁進する自治体の現状をとらえます。2章では、リニア新幹線、長崎・北陸新幹線の新駅設置に伴いどのような開発計画が立案されているのかを見ます。自治体が大規模な開発計画にのめり込む一つの動機はインバウンドを増大させるためです。3章では、インバウンドの典型としてMICE施設整備を取り上げます。MICE施設整備計画がどのように進んでいるのか、それらの計画をどう評価したらいいのかを考えます。自治体が大規模開発にのめり込むもう一つの動機はコンパクトです。4章では、コンパクトを進める施策である立地適正化計画を対象に、自治体が進めるコンパクト化の実態を見ます。そしてなぜコンパクト化が大規模開発に繋がるのか、それをどう評価すべきかを考えます。

自治体が大規模開発に邁進していたのは1990年代です。5章では、その時の状況と現在の状況を比較し、何が一緒で、何が異なるのかを見ます。そして人口減少にもかかわらず、なぜ大規模開発が進むのか、その理屈を整理します。それらを踏まえ、人口が減少する時代にはどのようなまちづくりを進めるべきかを提案します。

人口減少と大規模開発 ● 目次

はじめに　*3*

1章　新たな公共事業政策の展開……………*9*

　1　国際競争力強化を進める大都市政策　*9*
　2　地域構造改革を進めるための地域再編　*12*
　3　住民組織による互助と地域運営　*14*
　4　公共事業予算の変化　*16*

**2章　リニア新幹線、長崎・北陸新幹線に伴った
　　　大規模開発**……………*19*

　1　リニア中央新幹線新駅に関連する開発計画　*19*
　2　長崎新幹線新駅に関連する開発計画　*25*
　3　北陸新幹線新駅に関連する開発計画　*31*
　4　新駅開発計画の特徴　*36*

3章　MICEによる国際会議・展示会誘致競争……………*41*

　1　MICE施設整備競争に至る経緯　*41*
　2　MICE施設整備の歴史　*43*
　3　再び動き出したMICE施設計画　*47*
　4　過剰計画の危険性が高い　*52*
　5　MICE施設計画のあり方　*57*

4章　立地適正化計画による都心開発の再燃……………*63*

　1　立地適正化計画の概要　*63*
　2　過大な人口減少予測　*67*
　3　立地適正化計画の重点は縮小ではなく中心拠点の設定　*71*

  4 なぜ都市機能誘導区域「中心拠点」の設定を
    重視するのか *75*
  5 公共施設の統廃合と立地適正化の関係 *77*

5章 人口減少時代におけるまちづくりのあり方……………*81*

  1 再び開発路線に舵を切った自治体 *81*
  2 地域の活性化をどう進めるべきか *89*
  3 地域の需要に基づいたまちづくりを進めるべき *93*
  4 コンパクト化が必要な自治体は一部 *95*
  5 日常生活圏の整備が重要 *103*

おわりに *109*

1章　新たな公共事業政策の展開

　2012年12月に第二次安倍晋三内閣が誕生しました。安倍内閣は国際競争の時代を踏まえ、さまざまな分野で従来の制度、政策を見直してきました。1章では、そのなかでも国土と地域の再編及び公共事業政策が安倍内閣でどのように位置づけられ、変化してきたかを見ます。

1　国際競争力強化を進める大都市政策

国際競争力強化に資するインフラ整備

　安倍内閣の経済対策を最初にまとめたのは2013年6月に出された日本再興戦略です。その冒頭「成長戦略の基本的考え方」には下記のように書かれていました。少し長いですが引用しておきます。「止まっていた経済が再び動き出す中で、新陳代謝を促し、成長分野への投資や人材の移動を加速することができれば、企業の収益も改善し、それが従業員の給与アップ、雇用の増大という形で国民に還元されることになる。そうすれば、消費が増え、新たな投資を誘発する好循環が実現し、地域や中小企業・小規模事業者にも波及していくことになる」。典型的なトリクルダウンの理論ですが、まず「企業に眠る膨大な資金を将来の価値を生み出す投資へと向かわせる」、この考え方が安倍政権の経済対策の根幹です。

　これを実現するため安倍政権はさまざまな施策を展開してきました。最初に策定したのは「日本経済再生に向けた緊急経済対策」（2013年1月）です。この経済対策は「三本の矢」、大胆な金融政策、機動的な

財政政策、民間投資を喚起する成長戦略を踏まえてまとめられたものです。具体的には、「復興・防災対策」、「成長による富の創出」、「暮らしの安心・地域活性化」、「潜在力の発揮を可能とする規制改革」、「為替市場の安定に資する施策」です。

二つめの「成長による富の創出」が安倍内閣の進める経済政策の柱になっていきますが、その三項目に「国際競争力強化等に資するインフラ整備等」が位置づけられました。内容的には「首都圏空港、国際コンテナ戦略港湾等、我が国の国際競争力強化等に資する基幹的な交通インフラ等の整備」、PFI など「民間資金を活用したインフラ整備」です。

2013年6月に策定された日本再興戦略では、三つのアクションプランが提案されていますが、その一つめが日本産業再興プランです。その五つめに「立地競争力の更なる強化」があります。その具体的な内容は、国家戦略特区の実現、公共施設等運営権等の民間開放、空港・港湾等産業インフラの整備、都市の競争力の向上です。

その後、日本再興戦略は毎年改訂されますが、首都圏を中心に空港、港湾、高速道路等のインフラを整備し、国際競争力を高め、それによって企業の投資を誘導するという考えは一貫しています。アベノミクスの公共事業政策のポイントはここにあります。

国家戦略特区をはじめとした大幅な規制緩和

国家戦略特区は安倍政権が策定したもので、産業の国際競争力を高め、国際的な経済活動の拠点を形成するために、大幅な規制緩和を進める区域です。小泉政権が策定した構造改革特区は、企業や自治体が規制緩和を申請し、それを政府が認める仕組みでしたが、国家戦略特区は、内閣総理大臣主導で規制緩和を進める仕組みです。規制緩和の内容はさまざまですが、大きく分けると開発（土地利用規制、容積率

など)、観光(旅館業法、出国手続きなど)、雇用(雇用条件など)、農林水産業(農業委員会、企業の農地取得など)の分野にわかれます。

2014年5月以降、10区域、242事業が指定されていますが、そのうち80事業が東京圏です。先に述べた開発に係わる規制緩和は首都圏で実施されているもので、20か所に及ぶ大規模な開発が認められています。

開発という視点から国家戦略特区をみると、政府主導で開発に関する規制を大幅に緩和し、企業投資を引き出すものです。公的資金は先にみたインフラ整備に主に活用し、建物整備は規制緩和によって民間資金中心に進めるという考えです。

公共施設運営権等の民間開放

今までインフラの整備、運営などは行政が担ってきましたが、これを民間に開放するとしています。その目的は、行政の財政負担を減らすことと、民間の新たな投資先を開拓することです。

コンセッション方式などが整えられ、仙台空港、関西空港、伊丹空港などの運営を企業が担っています。

主としてハード面からみた場合、インフラ整備、規制緩和、公共施設運営権等の民間開放、この三つが安倍内閣の大都市政策の基本であり、その最大の意図は、東京を中心とした大都市に企業の投資先を確保することです。

長期的にはリニアによる国土の大改造

2015年8月に国土形成計画が策定されました。これは人口減少時代にどのような国土、地域を形成するかという計画です。この計画のキーワードはコンパクトとネットワークですが、これは重層的だとしています。重層的というのは、さまざまなレベルでコンパクトとネット

ワークを形成するという意味で、最も包括的なものは「東京を中心とするコンパクトとネットワーク」になります。国土形成計画でも東京一極集中の是正を掲げていますが、「他方、世界有数の国際都市であり、我が国の経済成長のエンジンとなる東京」とし、東京の国際競争力強化を課題としています。

　日本は長期的に人口が減少しますが、世界的には人口が急増します。そのため都市の規模で見ますと東京が国際都市としての地域を保つのは容易ではありません。現在、東京、名古屋、大阪は別々の大都市圏を形成しています。そこにリニアを通し、東京、大阪を1時間程度で結べば、それらが一つの大都市圏になり得ると考えています。

　将来的にはこのような国土の大改造を行い、国際競争力を維持し、企業の投資を呼び込もうとしています。

2　地域構造改革を進めるための地域再編

ローカルアベノミクス＝地域構造改革の推進

　2013年6月に策定された日本再興戦略に日本産業再興プランがあります。その5が先に書いた「立地競争力の更なる強化」で、6が「中小企業・小規模事業者の革新」です。ここでは、地域資源の活用・ブランド化、新陳代謝の促進、戦略市場への参入、国際展開が書かれていました。

　2014年6月に日本再興戦略が改訂され、6のタイトルも「地域活性化・地域構造改革の実現／中堅企業・中小企業・小規模零細事業者の革新」に変わりました。その年の12月には「地方への好循環拡大に向けた緊急経済対策」が出されました。これはアベノミクスによって大都市部の経済は上向いてきたが、地方経済は相変わらず厳しいという認識の下で、アベノミクスの成果が全国に行き渡るように考えられた

ものです。

　2015年6月に日本再興戦略が改訂されました。ここではアベノミクスが第二ステージに入り、それまでの取り組みをさらに発展させる「未来投資による生産性革命の実現」と「ローカルアベノミクスの推進」を両輪とするとしています。ローカルアベノミクスは、現状を前提とした地方の活性化ではありません。地方での構造改革を進め、経済の活性化を進めるものです。そこで変えようとしているのは「東京と比べて2倍の開きがある」地方の労働生産性です。具体的な対象となっているのは、中堅・中小企業・小規模事業者、サービス産業、農林水産業、医療・介護、観光産業です。

まちづくりでのポイントはコンパクトと連携

　ローカルアベノミクスは人口が大幅に減るなかで生産性を上げようとするものです。そのために企業だけでなく、地域や行政も造り替えます。ハード面から見ると、コンパクトシティと小さな拠点です。前者は主として地方都市を想定しており、後者は中山間地域を念頭に置いています。イメージ的には、人口減少に伴って市街地を縮めることです。

　人口が増える時代は市街地が拡大しましたが、今後は人口が減少します。そのまま放置しますと人口密度の低下が生じ、まちとしての効率性もさらに低下します。そこで拡大から縮小に、市街地整備のあり方を構造的に変えようとしているのがコンパクトシティです。コンパクト化を図る意図は、人口が減少するなかで企業の生産性向上に資する地域空間を造ること、行政コストを削減することの二つです。

　ソフト面でのポイントは連携です。小泉構造改革では市町村合併を進めました。しかし、どう見ても合併が成功であったとは言えず、再び合併を進めるのはかなり困難です。そこでアベノミクスで示されたの

は連携です。自治体としての市町村は残し、市町村が連携し合って効率的な行政を展開するというものです。連携中枢都市圏、定住自立圏のことで、中心市と周辺市町村が協力する仕組みです。市町村の枠組みを残しつつ、経済活性化や大型公共施設整備は中心市が担当し、周辺市町村が中心市の行政サービスなどを使わしてもらうという考えです。この行政サービスとは介護保険や義務教育を意味しています。たとえ市町村の枠組みを残しても、最も基本的なサービスを担当しない基礎自治体とはどのような意味があるのかと思います。

ローカルアベノミクスを自治体が進める仕組み＝地方創生

このローカルアベノミクスを進める仕組みが地方創生です。地方創生の内容は「地方にしごとをつくり、安心して働けるようにする」「地方への新しいひとの流れをつくる」「若い世代の結婚・出産・子育ての希望をかなえる」「時代に合った地域をつくり、安心なくらしを守るとともに、地域と地域を連携する」からなります。

一つめのポイントは地域産業の競争力強化で、四つめのポイントはローカルアベノミクスを進めるための、地域、行政の再編です。地方創生というのは、地方を元気にしようという素朴なものではなく、企業や地域空間、自治体を構造的に造り替えるものです。また、それを政府が進めるのではなく、政府の意図に沿って、自治体自らが進める仕組みです。

3　住民組織による互助と地域運営

地域包括ケア

団塊の世代が全員、前期高齢者になりましたが、2025年になると後期高齢者になります。そのため、2025年までに高齢者介護の体制等を

整えなければ介護難民が今よりも深刻になります。特に今後、高齢者が急増するのは東京などの大都市部で、高齢者問題は大都市問題と言っていいでしょう。

　一方、政府からみますと、それまでに介護保険のあり方を抜本的に変えなければ、財政負担が急増するということになります。もしそのようなことが起こると先にみたようなインフラ整備を進める財源確保が難しくなります。三党合意で必要な財源は消費税率の値上げに求めると決めましたが、税率を次々引き上げるのは容易ではありません。

　介護保険の公費負担を減らす一つの方法は、介護保険を使う人を減らすことです。要支援の一部サービスを介護保険から切り離し、特別養護老人ホームの利用者を重度の人に限定したりしています。しかし、介護保険から切り離しても、その人が要支援、要介護状態であることには変わりありません。そのため、誰かが支援、介護をしなければ高齢者の生活が成り立ちません。

　それらを解決する方策が地域包括ケアです。行政責任による介護（公助）を減らし、地域コミュニティが互いに助け合う互助によって、高齢者介護を進めようという考えです。ただし、大都市部の地域コミュニティはそのような互助を進められる状態ではありません。そこで伝統的な地域コミュニティ組織だけでなく、NPOや企業なども包含したまちづくり協議会方式のコミュニティ組織を作り、それを互助の受け皿にしようとしています。この新たなコミュニティ組織は行政の補助金などに依拠せず、コミュニティビジネス、ソーシャルビジネスで財源を捻出するように考えられています。大都市のコミュニティ組織を造り替えることが安倍政権で重視されているのは、公費負担の軽減を進めるためです。

地域運営組織

　中山間地域では今後、大幅な人口減少が想定されます。そのため民間企業の撤退が進み、今のままですと行政サービスの展開も限定的になるでしょう。それらを誰かが補わなければ、生活が成り立ちません。そこで注目されているのが、市民自らが組織を作り、民間企業や行政の肩代わりをしようという考えです。この組織が地域運営組織ですが、ガソリンスタンド、商店から、移動手段まで、さまざまな事業を市民組織が担うように考えられています。

4　公共事業予算の変化

増加に転じた公共事業予算

　2000年以降の政府の公共事業予算関係費（当初予算）を見たのが図1-1です。2000年小渕内閣の時は9.4兆円、森内閣でも同じ金額を確保していましたが、小泉内閣では7.2兆円まで下がりました。さらに

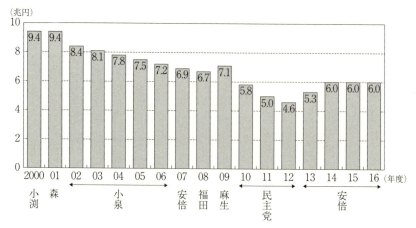

図1-1　公共事業関係費（当初予算）の推移
出所：国土交通省「平成29年度予算概要」2017年1月より筆者作成

民主党政権では4.6兆円まで下がり、森政権時の48%まで減りました。ところが第二次安倍内閣では公共事業予算が増加に転じ、2014年以降は6兆円を維持しています。

一貫して増え続けているのは道路整備費

公共事業関係費の大半を占めるのは国土交通省です。そこで国土交通省の予算を見たのが図1-2です。2012年は民主党政権時の予算で、2013年以降は安倍内閣による予算です。治山治水、道路整備、港湾空港鉄道、住宅都市環境、公園水道廃棄物処理に分け、予算の変化を見た図です。2012年の当初予算を100にしています。

一貫して増え続けているのは、道路整備で民主党政権時から28%増えています。最近、急増しているのは港湾空港鉄道で、治山治水の増加率を超えています。反対に減り続けているのは公園水道廃棄物処理です。

安倍政権の下で公共事業費が増加に転じましたが、その中心は道路

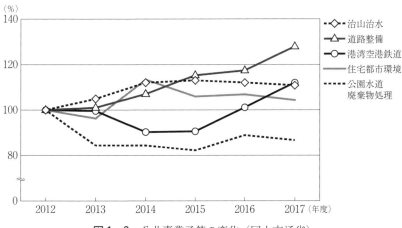

図1-2 公共事業予算の変化（国土交通省）

出所：国土交通省「各年度予算概要」より筆者作成

整備費で、最近は港湾空港鉄道も急増しています。

　かつての自民党政権は大都市圏でのインフラ整備を進めるだけでなく、地方にも多額の公共事業費を配分していました。小泉構造改革で地方向けの公共事業費を大幅に削減し、公共事業費の配分を大都市圏中心に変えました。民主党政権になって公共事業費の全般的な削減が進みましたが、安倍政権の下で公共事業費が再び増え出しました。その中心は地方向けの公共事業費ではなく、大都市圏でのインフラ整備、港湾空港整備等です。

参考文献
・「国土形成計画」2015 年 8 月
・「日本再興戦略」2013 年 6 月、これ以降毎年 6 月に改訂されています
・国家戦略特区、地方創生については、内閣府地方創生推進事務局のウェブサイトを参照。地方創生の評価については、拙著『人口減少と地域の再編』自治体研究社、2016 年 5 月を参照。

2章 リニア新幹線、長崎・北陸新幹線に伴った大規模開発

リニア新幹線の工事が始まり新駅が設置されます。また、北陸新幹線、長野新幹線についても路線が延長・整備され、新駅が設置されます。そのような新駅設置と同時に、新駅周辺を大規模に開発する計画が各地で検討されています。2章ではそのような開発計画の特徴を見ます。

1 リニア中央新幹線新駅に関連する開発計画

リニア中央新幹線の概要（図2-1）

リニア中央新幹線は東京－大阪間、438kmに通す計画です。所要時間は67分、建設費は9兆300億円です。事業主体はJR東海で、2014年10月に工事実施計画が認可され、同年12月から工事が始まりました。2027年に品川－名古屋間が開業し、当初の計画では2045年に名古屋－大阪間が開業する予定でした。その後、財政投融資を活用して、名古屋－大阪間を最大8年間前倒しで開業することになりました。

品川－名古屋間はルート、新駅の場所が確定しています。起点は品川駅と名古屋駅の地下です。中間駅は、神奈川県相模原市、山梨県甲府市、長野県飯田市、岐阜県中津川市に決まりました。

神奈川県・相模原市「広域交流拠点計画」

相模原市は2014年6月に「相模原市広域交流拠点基本計画」を策定しています。この計画では、リニア新駅が設置される橋本駅周辺と

図2-1 リニア中央新幹線新駅・開発図

出所：章末資料より筆者作成

愛知県 名古屋市

名古屋市はリニア開業に向けて名古屋駅周辺の大規模な開発を進めている。行政は基盤整備を重点的に行い、ビルの建設は民間が進めている。予定されている最大規模の開発は、名鉄が検討している「名古屋地区再開発」である。南北400メートル、高さ30階建て程度の巨大なビルで、2027年にオープンする予定。商業施設、オフィス、ホテル、住宅などが想定されている。

名古屋駅周辺まちづくり構想（案）の概要

目標とするまちの姿
「世界に冠たるスーパーターミナル・ナゴヤ」

まちづくりの基本方針
1. 国際的・広域的な役割を担う圏域の拠点・顔を目指す
2. 誰にも使いやすい国際レベルのターミナル駅をつくる
3. 都心における多彩な魅力をもったまちをつくり、つないでいく
4. リニア開業を見据え、行政と民間が一丸となって着実に構想を実現する

出所：「名古屋駅周辺まちづくり構想(案)」より筆者作成

名古屋駅周辺・伏見・栄地区整備計画の概要

	事業名	敷地面積(m²)	階数	竣工
1	グローバルゲート	17000	37、17	H29 予定
2	愛知大学名古屋校舎	15000	20、11、10	H29 予定
3	中京テレビ放送本社ビル	7000	12	H28 竣工
4	JPタワー名古屋	12000	40	H27 竣工
5	JPゲートタワー	12000	44	H28 竣工
6	大名古屋ビルヂング	9000	34	H27 竣工
7	シンフォニー豊田ビル	4000	25	H28 竣工

出所：筆者作成

岐阜県 中津川市 / **長野県 飯田市**

長野、岐阜の両新駅とも駅周辺の大規模な整備は計画されていない。魅力発信施設（長野）、にぎわい創出施設（岐阜）と書かれているが、両駅とも具体化されていない。

リニア長野駅のイメージ図

出所：「リニア駅周辺整備基本計画(案)」より転載

リニア岐阜駅のイメージ図

出所：「リニア岐阜県駅周辺整備計画概略設計」より転載

2章 リニア新幹線、長崎・北陸新幹線に伴った大規模開発

リニア中央新幹線の概要
事業主体はJR東海。東京（品川）－大阪（新大阪）間で路線距離は438km。東京－名古屋間は2027年に開業予定、名古屋－大阪間は早ければ2037年に開業。総事業費は9兆300億円。東京－名古屋間に4つの中間駅を設置。名古屋－大阪間のルートは未定。

| 山梨県甲府市 | 神奈川県相模原市 | 東京都品川駅 |

山梨県甲府市： リニア新駅は他の鉄道に接続せず、乗り換える公共交通はバスのみ。中央道のインターに接続。新駅に設置を予定しているのは駅前広場、駐車場。観光交流・産業振興エリアを検討しているが、具体的な計画はない。

神奈川県相模原市： リニア新駅が設置される橋本駅、橋本駅の隣にある相模原駅の2箇所を広域交流拠点として整備する予定。
相模原駅：JR相模原駅北側に隣接した17haを優先的に整備。これはアメリカ軍が使用していた用地で、2014年に日本に返還済み。現在は未使用。都市再生緊急整備地域に指定。導入をイメージしている施設は、大規模商業施設（10万 m^2 ～16万 m^2）、展示場（3万 m^2 ～8万 m^2）、ホテル（200室程度）、業務施設、文化施設など。相模原駅はリニアと直接関係ないが、乗換駅である隣の橋本駅と一体的と位置づけ、駅前を大規模に開発する予定。

橋本駅：リニア新駅とJR橋本駅、京王橋本駅の乗り換え駅。リニア開業までに駅前広場、アクセス道路、通路を整備する予定。

相模原駅前整備のイメージ図

出所：「相模原市広域交流拠点整備計画」より転載

隣の相模原駅周辺を一体的なエリアとし、それを「首都圏南西部における広域交流拠点」と位置づけています。そしてこのエリアの役割を「首都圏全体の産業構造の構築に資する新たな産業創出の拠点」と位置づけました。リニア中央新幹線の駅ができることで、それまでは郊外の駅前だった地域が、一気に「内陸ハブの機能を担う広域交流ゲート」に変わりました。想定される機能として、産業交流施設、コンベンション施設、オフィス、ホテル、商業、スポーツ・文化施設、住宅などを上げています。

　2015年7月には都市再生緊急整備地域の指定を受け、2016年8月には「相模原市広域交流拠点整備計画」を策定しています。ここで相模原駅北側の具体的なイメージが示されています。まず一つめは広域商業施設で、床面積10万m^2〜16万m^2規模を想定しています。二つめは3章で見ますがMICE施設で、床面積3万m^2〜8万m^2を想定しています。併設するホテルは200室程度です。三つめは業務機能で2万m^2〜10万m^2を想定しています。まだ、想定している面積の幅が大きく、具体化は今後の課題だと思います。しかしこれらの計画から読み取れるのは、相模原駅の利用圏を対象とした計画ではなく、首都圏南西部は当然ですがそれをも越え、リニア⇔空港を前提とし海外からの来訪者まで想定した極めて広域的な開発計画になっていることです。

　橋本駅の方は、リニア新駅とJR橋本駅、京王橋本駅の乗り換えを中心とした整備計画になっています。リニア開業までに整備するものは、駅前広場、アクセス道路、通路とし、開業後、市街地の拡大を図るとしています。「整備計画」で「交流・賑わい軸」を設定していますが、具体的な内容は書かれておらず、施設整備などは開業後の課題になるようです。

　結局、直接リニアに関係する橋本駅は主としてアクセス整備、直接関係しない相模原駅の方を、一体的なエリアとして位置づけ、大規模

に開発する計画となっています。

山梨県・甲府市「環境未来都市」

　甲府市は2017年3月に「甲府市リニア活用基本構想」をまとめています。この構想はリニアが開通すると、甲府市－東京間が従来の90分から25分に縮まり、それをいかした甲府の活性化を考えるものです。リニアによって東京都との時間距離が短くなるため、その効果を市内に行き渡らせる考えです。

　山梨県は2017年2月に「リニア環境未来都市整備方針（素案）」を発表しています。基本的な考え方は甲府市と同じですが、ここで新駅周辺整備が検討されています。新駅周辺には他の鉄道が通っておらず、中央自動車道とのインターチェンジを新たに設けます。駅周辺に設置するのは駅前広場、駐車場で、それ以外に観光交流・産業振興エリアも検討されていますが、具体的な内容はまだ書かれていません。

長野県・飯田市「リニアバレー構想」

　長野県は2014年3月に「長野県リニア活用基本構想」をまとめています。また周辺自治体（リニア中央新幹線整備を地域振興に活かす伊那谷自治体会議）は2016年2月に「リニアバレー構想」をまとめています。これらはリニアの効果を伊那谷、長野県全域に波及させるための方法を検討したものです。

　飯田市は2017年に「リニア駅周辺整備基本計画（案）」を発表しています。基本的な考え方は「リニアバレー構想」と同じですが、新駅周辺の整備内容を具体的に検討しています。リニア新駅はJR飯田線の近くに設置されますが、飯田線には駅がありません。そのためリニア新駅と乗り換えられる新駅を飯田線にも設置する方向で検討が進められています。リニア新駅の整備は、その乗り換えアクセス整備、駅

前広場、駐車場の整備が主な内容です。

岐阜県・中津川市

　岐阜県は、2011年5月に「リニア基本戦略」、2014年3月に「岐阜県リニア中央新幹線活用戦略」をまとめています。これらはリニアの効果を県全域に行き渡らせる方法を検討したものです。

　さらに岐阜県は、2016年3月に「リニア岐阜県駅周辺整備計画概略設計」を発表しています。リニア新駅はJR中央線美乃坂本駅近くに設置されます。計画の基本は「コンパクトかつ交通結節機能を重視した駅」で、駅前広場、両駅を結ぶ連絡通路の整備が主な内容です。「にぎわい創出施設」もありますが「今後検討」となっています。

愛知県・名古屋市「スーパーターミナル・ナゴヤ」

　名古屋市は2014年6月に「名古屋駅周辺まちづくり構想（案）」をまとめました。目標とするまちの姿は「世界に冠たるスーパーターミナル・ナゴヤ」です。基本方針1は「国際的・広域的な役割を担う圏域の拠点・顔を目指す」で、「国際的・広域的なビジネス拠点を形成する」「玄関口にふさわしい風格とにぎわいを感じさせる顔づくりを進める」等を掲げています。

　リニア新駅はJR名古屋駅の地下に設置され、それと一体で「スーパーターミナル・ナゴヤ」を形成する計画です。この地区は都市再生緊急整備地域に指定されており、民間都市開発事業に対して規制緩和、金融・税制上の措置、補助等が用意されています。そのため、ビルなどの整備は民間主導で行い、名古屋市は駅前広場の整備、地下公共空間の整備、防災対策など、民間開発を側面支援するようにしています。今後、リニア駅周辺の面整備に取り組む場合は行政主導で事業化されるかもしれませんが、今のところ民間主導で開発が進んでいます。

今後の開発で最大規模は、名鉄（名古屋鉄道）が検討している「名古屋地区再開発」です。開発区域は JR 名古屋駅に隣接した地区です。日本経済新聞によると、現在建っている 6 棟のビルを解体し、南北 400 メートル、高さ 30 階建て程度の巨大なビルを予定しています。2022 年に着工し、リニアが開業する 2027 年にオープンする予定です。内部に入るのは商業施設、オフィス、ホテル、住宅などが想定されています。

2　長崎新幹線新駅に関連する開発計画

長崎新幹線の概要（図 2 - 2）

　長崎新幹線（九州新幹線長崎ルート）は、福岡市（博多駅）から長崎市（長崎駅）までのルートです。そのうち博多駅 – 新鳥栖駅間は九州新幹線（鹿児島ルート）と路線を共有し、新鳥栖駅 – 武雄温泉駅間は在来線区間を走行し、武雄温泉駅 – 長崎駅間は新規の路線を整備します。在来線区間では佐賀駅と肥前山口駅に停車します。武雄温泉駅から長崎駅までの間には、嬉野温泉駅、新大村駅、諫早駅が設置されます。開業予定は 2022 年度です。

　在来線と新幹線では軌間が異なります。当初は在来線と新幹線区間を直通運転できるフリーゲージトレインを導入する計画でした。しかし開発が遅れたため、在来線と新幹線を乗り継ぐリレー方式で 2022 年度に暫定開業する予定です。

武雄温泉駅

　武雄温泉駅は JR 武雄温泉駅に併設されます。武雄市は新幹線整備に伴って、武雄温泉駅周辺の整備を進める予定ですが、その内容はアクセス道路と駅前広場の整備です。

図2-2　長崎新幹線新駅・開発図

出所：章末資料より筆者作成

長崎市 長崎駅

新幹線の整備とJR長崎本線連続立体交差事業、長崎駅周辺土地区画整理事業を一体的に実施。区画整理の事業区域は19.2ha。そのうち新幹線駅に隣接した2.4haに交流拠点施設を整備。交流拠点施設は二つで、一つはMICE施設（公設民営）、もう一つはホテル、オフィスなどの民間施設を想定。交流拠点施設は2021年11月開業予定。

長崎駅のイメージ図

出所：長崎市ウェブサイトより転載

諫早市 諫早駅

新幹線諫早駅東側で計画されている市街地再開発事業（上段）。16階建てビルをはじめ4棟が計画されている。その北側に市所有地がある。当面は駐車場として使用するが、いずれこの地区も開発する予定（下段）。

諫早駅再開発ビルのイメージ

出所：「諫早駅周辺整備計画」より転載

諫早駅市有地の将来的な活用案

出所：「新幹線効果を高めるための諫早市のまちづくり」より転載

2章　リニア新幹線、長崎・北陸新幹線に伴った大規模開発

長崎新幹線の概要
長崎新幹線（福岡－長崎間）のうち、新たに整備される区間は、武雄温泉駅－長崎駅間、路線距離は66km。新たに設置される駅は5駅。開業は2022年度中を予定。

| 大村市 新大村駅 | 嬉野市 嬉野温泉駅 | 武雄市 武雄温泉駅 |

武雄温泉駅、嬉野温泉駅とも、大規模な計画はない。嬉野温泉駅には商業施設の計画があるが、小規模な建物を分散配置する計画。賑わい交流センターも予定されているが具体化されていない。

嬉野温泉駅北口のイメージ　　武雄温泉駅南口周辺整備事業

出所：「嬉野温泉駅周辺まちづくり委員会報告書」より転載　　出所：武雄市ウェブサイトより転載

現大村駅周辺（南部地域）は大村市の中心市街地である。新大村駅周辺（北部地域）は若い層が居住する地域として開発し、特性の異なる二つの核を創るとしている。そして各々の核を連携させることで、相乗効果を生み出すとしている。そのため新大村駅周辺には業務施設、都市型住宅、文教施設等を整備する予定。

新大村駅周辺ゾーンのイメージ

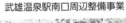

出所：「大村市新幹線新大村駅（仮称）周辺地域まちづくり計画」より転載

嬉野温泉駅

　嬉野市には鉄道の駅がなく、新幹線新駅が市内唯一の駅になります。嬉野市都市計画マスタープランでは、嬉野温泉駅周辺を広域交流連携拠点と位置づけ、「嬉野市外からの人・財・サービスの流入を促し」「佐賀県南部地域における都市文化の創造拠点」を形成するとしています。駅周辺は土地区画整理事業で基盤整備を進めますが、嬉野温泉駅周辺まちづくり委員会報告書によると、駅前広場の整備、アクセス道路の整備以外は、直売所、小売店、レストランなど小規模な施設を分散配置する計画になっています。

新大村駅「新たな都市拠点の形成」

　新幹線新大村駅は JR 大村線に沿う形で設置されます。JR 大村線のその場所には駅がないため、乗り換えのための新駅を JR 大村線に設置します。大村市は 2014 年 8 月に「大村市新幹線新大村駅（仮称）周辺地域まちづくり計画」を策定しました。大村市は「長崎空港、長崎自動車道の大村インターチェンジ、新幹線駅という高速交通ネットワークの『三種の神器』が車で 10 分以内に揃う」条件を活かすためにこのまちづくり計画を策定しています。

　大村市の中心は JR 大村駅周辺に広がる中心市街地ですが、新幹線新大村駅はそこから離れた地域にできます。そこで新幹線のポテンシャルを活かすために「新大村駅周辺と中心市街地を両輪とした都市構造の構築」を進めるとしています。新たな拠点となる新幹線新大村駅周辺は、「高い交通利便性を活かし市外からの人口誘因（特にヤング・ファミリー層）や企業誘致等を牽引する」地域として整備し、両拠点が「互いの地域の機能と特色を生かして補完し合い、連携」するとしています。

　新幹線新大村駅周辺には、「駅舎・駅広（駅前広場のこと）・アクセス

道路だけではなく多様な都市機能の導入が必要」とし、業務施設、文教施設、情報発信・交流施設、都市型住宅などを想定しています。

また、新幹線新大村駅の北部3km程度のところに新幹線の車両基地が置かれます。そこで新幹線新大村駅から車両基地までの地域を8ゾーン（新大村駅周辺ゾーン、新幹線車両基地ゾーン、文教ゾーン、関連企業等立地ゾーン、沿道サービスゾーン、新産業等活性化検討ゾーン、河川景観活用ゾーン、住宅ゾーン）に分け、開発の方向性を示しています。

大村市は新幹線新駅設置を「人口増加の千載一遇のチャンス」「ビジネス展開の可能性が飛躍的に向上」と位置づけ、新幹線新駅周辺の大規模な開発、さらには市北部地域の面的な開発を進めようとしています。その結果、「新たな交流人口の拡大や人口増による中心市街地活性化の牽引も期待」できるとしています。

諫早駅「市街地再開発事業」

新幹線諫早駅はJR諫早駅に併設されます。諫早市は2014年5月に「新幹線効果を高めるための諫早市のまちづくり」を策定しています。これは新幹線整備と同時に諫早駅東側で市街地再開発事業を実施し、地域の活性化を進めることが目的です。

市街地再開発事業の区域面積は1.7ha、想定されている再開発ビルは4棟、主な用途は商業・業務施設、ホテル、住宅、立体駐車場等です。再開発ビルの延床面積は3万7260m^2、一番高い建物は16階で、2020年度の開業を目指しています。

また、市街地再開発区域の北側に2万5867m^2の市有地があります。当面は平面駐車場として使いますが、公共ビルや民間ビルを新たに建てることも検討されています。

長崎駅「MICE を中核とした交流拠点施設」

　長崎市は 2011 年 2 月に「長崎駅周辺まちづくり基本計画」を策定しました。新幹線長崎駅は JR 長崎駅がある場所に設置されます。長崎市は新幹線建設と JR 長崎本線連続立体交差事業、長崎駅周辺土地区画整理事業を一体的に行い、長崎駅周辺を全体的に整備するための計画としてこの基本計画を定めました。基本方針 1 は「交流とにぎわいの都市拠点を形成する」で、「陸の玄関口となる新しい都市拠点として、ひと・もの・情報の交流を促進し、にぎわいを創出するまちづくりを目指す」としています。区画整理の事業区域は 19.2ha で、三つのゾーンに分けています。そのうち長崎駅に隣接する A ゾーンは「長崎駅の玄関口として、交流・にぎわい空間を基軸とした都市拠点を形成する地区」と位置づけられました。

　その後、長崎市は A ゾーンの具体化を進め、「交流拠点施設の基本的考え方」を示しました。そこでは「ポテンシャルの強い用地の強みを最大限に活かし、中核となる MICE 施設により、国内外の多くの人たちを呼び込み、交流人口の拡大と地域経済の活性化を図る」としました。MICE 施設の状況は 3 章で改めてみます。ここで提案された MICE 施設は、コンベンションホール 3000m^2、展示場 4000m^2、会議室 2500m^2 です。MICE 以外の民間施設としては、ホテル、オフィス、商業施設等を考えているようです。ちなみに MICE は公設民営としています。

　長崎市は、「人口減少と高齢化に直面している長崎市が今後発展していくためには、域外からの交流人口の拡大とそれによる地域経済の活性化が不可欠です」とし、さまざまな検討を経た結果、最も大きな効果を期待できる施設として MICE 施設になったと説明しています。新幹線と MICE により、長崎への来訪者を増やし、地域経済の活性化を進めようという考えです。

3　北陸新幹線新駅に関連する開発計画

北陸新幹線の概要（図2-3）

　北陸新幹線は、北陸経由で東京と大阪を結ぶ路線です。東京駅－大宮駅間は東北新幹線と、大宮駅－高崎駅間は上越新幹線と路線を共有しています。1997年に高崎駅－長野駅間、2015年に長野駅－金沢駅間が開業しました。未開業区間のうち、金沢駅－敦賀駅間は2023年に開業する予定です。

　金沢駅－敦賀駅間には、小松駅、加賀温泉駅、芦原温泉駅、福井駅、南越駅の5駅が設置されます。

小松駅「空港と直結する小松駅」

　新幹線小松駅はJR小松駅に併設されます。小松市は小松駅周辺整備3点セット事業（小松駅付近連続立体交差事業、小松駅東土地区画整理事業、小松駅西土地区画整理事業）をすでに完成させ、駅周辺のインフラ整備はほぼ終了しています。小松市は2015年に総合計画を策定していますが、そのなかで小松市を「北陸に際立ったまち国際都市こまつ」とし、「世界とつながる北陸のゲートウエイ」としています。小松市としては小松空港を軸として市の将来を描いています。新幹線小松駅も「空港と直結する北陸新幹線小松駅」としています。

　小松駅東側には、駅前広場、コマツの杜（民間施設）、サイエンスヒルズこまつ（公共施設）がすでに完成しています。今後は、研究機関、学術機関、世界的企業の本社機能などを誘致する予定です。

　小松駅西側では、8階建ての複合施設が建設中で2017年10月に完成予定です。このビルには、新設される公立小松大学（2018年4月開学予定）の国際文化交流学部、ホテル、子育て支援施設が入る計画で

図2-3 北陸新幹線新駅・開発図

出所:章末資料より筆者作成

敦賀市 敦賀駅

越前市 南越駅

福井市 福井駅

南越駅には道の駅を整備する方向で検討されている。敦賀駅西側では土地区画整理事業を実施し、その一部に民間活力を導入した施設整備が検討されている（土地活用エリア）。ただし具体化はされていない。

越前駅のイメージ図

出所:「北陸新幹線南越駅周辺整備基本計画」より転載

敦賀駅前のイメージ図

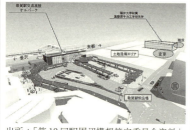

出所:「第13回駅周辺構想策定委員会資料」より転載

福井市は福井駅周辺で土地区画整理事業、市街地再開発事業を積極的に進めている。福井駅、福井城址周辺105.4haを中心市街地とし、さまざまな事業を展開している。

パピテラスのイメージ図

出所:「福井駅・城址周辺地区まちづくりガイドライン」より転載

福井駅西口全体のイメージ

出所:「福井駅西口全体空間デザイン基本方針」より転載

2章 リニア新幹線、長崎・北陸新幹線に伴った大規模開発

北陸新幹線の概要
2015年に長野駅−金沢駅間が開業。金沢駅−敦賀駅間は2023年に開業予定。敦賀駅−新大阪駅間は2031年着工、2046年開業予定。金沢駅−敦賀駅間には、小松駅、加賀温泉駅、芦原温泉駅、福井駅、南越駅の5駅が設置される。

あわら市 芦原温泉駅 / 加賀市 加賀温泉駅 / 小松市 小松駅 / 金沢市 金沢駅

芦原温泉駅西側のイメージパース
出所:「芦原温泉駅周辺整備基本計画書(改訂版)」より転載

小松市は「空港と直結する北陸新幹線小松駅」とし、小松駅の東側と西側で開発を進めている。東側には「サイエンスヒルズこまつ」、「コマツの杜」、駅前広場が整備されている。西側には8階建ての複合施設が建設中。不動産証券化事業を活用したもので、公立小松大学、ホテルなどが入居する。

小松駅西側複合施設
出所:公立小松大学ウェブサイトより転載

小松駅東側の構想
出所:「NEXT 10年ビジョン」より転載

す。この事業は、市有地を活用した不動産証券化事業です。

加賀温泉駅

　新幹線加賀温泉駅はJR加賀温泉駅に併設されます。すでに南側に駅前広場が設置されているため、乗り換えの利便性向上などのソフト対策は検討していますが、大規模なインフラ整備の予定はありません。今後は駅舎の整備を進める予定であり、そこに観光案内所、土産物屋などが検討されるかもしれません。

芦原温泉駅

　新幹線芦原温泉駅はJR芦原温泉駅に併設されます。芦原温泉駅の西側にはすでにaキューブがオープンしています。これは鉄骨平屋建ての旧繊維工場を改修したもので、観光案内所、金津祭りの展示スペース、多目的スペースとして使われています。あわら市は2017年3月に「芦原温泉駅周辺整備基本計画書」を改定しています。ここでは駅前広場の拡充、整備などが書かれています。また、土地活用検討街区が設定されています。ここには「駅周辺の集客力を高める機能（ビジネスホテル、商業施設など）」を導入するとしていますが、具体的な検討は新幹線開業後としています。

福井駅「県都にふさわしいにぎわい交流拠点」

　新幹線福井駅はJR福井駅に併設されます。福井市は2017年3月に「北陸新幹線福井開業アクションプラン」を策定しています。これは新幹線開業までに福井市が進める施策を整理したものですが、重点分野に「県都にふさわしい駅周辺の整備」が入っています。

　福井市は福井駅周辺土地区画整理事業、福井駅西口中央地区市街地再開発事業を行い、駅前広場、再開発ビルの整備などを進めています。

これらの整備で重視したのは「にぎわいと交流機能の核となる都市機能を集中的に配置する」ことで、その中心は再開発ビルと全天候型広場です。再開発ビルは「パピリン」と呼ばれ2016年4月にオープンしました。多目的ホール、自然史博物館分館（プラネタリウム）、飲食店などと住宅が入った21階建ての建物です。同時に全天候型広場（パピテラス）もオープンしました。

　福井市は区画整理を実施した福井駅周辺、福井駅西側にある福井城址一体を中心市街地と位置づけ、居住・業務・商業などの集積を進めるとしています。

南越駅

　南越駅は他の鉄道に接続しない新駅です。越前市は2015年12月に「北陸新幹線南越駅周辺整備基本計画」を発表しています。鉄道に接続しないため、駅前広場と道路整備が中心となります。また、交流促進のための施設を検討していますが、道路利用者に配慮し、鉄道駅に併設された道の駅が望ましいとしています。

敦賀駅

　新幹線敦賀駅はJR敦賀駅に併設されます。敦賀市は2016年3月に「駅西地区土地活用に係わる整備の方向性」を発表しています。四つのゾーンに分け、Aゾーン南側は立体駐車場、Aゾーン北側（5000m^2）は民間活力を導入する施設、Bゾーン南側はバス専用駐車場、Bゾーン北側は公園にするとしています。ただし参入する民間が見つからない場合、Aゾーン北側は広場にするようです。

4 新駅開発計画の特徴

新駅効果を生かす二つの方法

　リニア新駅や新幹線新駅ができ、他の交通手段（鉄道やバス、場合によっては高速道路）と接続すると、今まで他の交通手段を使っていた人が新駅を利用するようになります。ただしこれだけですと、全体としての利用者は増えませんし、地域での経済効果もほとんど変わりません。一般的にリニアや新幹線ができると、東京や大都市圏までの時間が短くなります。そこで東京や大都市圏に住む人をリニアや新幹線を使って観光客として呼び込み、その地域でお金を使ってもらえれば、地域の活性化に繋がります。また、東京や大都市圏から企業などを誘致することができれば、地域の活性化に役立ちます。反対にその地域に住む人が、リニアや新幹線を使って東京や大都市圏に出て買い物をし、その地域での消費が減れば、地域経済にとってはマイナスになります。このプラスの効果とマイナスの効果の差し引きで、地域経済にとってプラスになるか、マイナスになるかが決まります。

　新駅ができる自治体は、マイナスの効果を減らし、プラスの効果を増やそうとします。その方法は二つです。一つは、新駅周辺を大規模に開発し、そこに東京や大都市圏から観光客、もしくは企業を誘致することで、経済効果を高める方法です。また、従来はその地域に少なかったファミリー層や若者向けの場所を造り、新たな消費の喚起と域外への流出を食い止める方法です。もう一つは、新駅周辺は大規模に開発せず、地域全体で観光客や企業を誘致する方法です。両者は両立しますが、多くはどちらかに力点を置いています。図2-1から図2-3で、駅名を二重四角で囲った自治体は前者で、一重四角で囲った自治体は後者です。

新駅設置に伴う大規模開発の特徴と問題点

　新駅設置に伴って新駅周辺を大規模に開発しようとしている自治体は、リニア中央新幹線の相模原市、名古屋市、長崎新幹線の大村市、諫早市、長崎市、北陸新幹線の小松市、福井市です。いずれも県庁所在市もしくはその地域の中心的な市です。

　もともとこれらは地域の中心的な市です。そのためその地域や県内から観光客や消費者を誘致するためだけに開発するのではありません。リニアや新幹線を活用して、以前よりも広範囲から観光客などを誘致するための計画になっています。なかでも相模原市、名古屋市、長崎市、小松市は、リニア・新幹線と空港を活用し、海外から観光客などを呼び込む計画となっています。

　言うまでもなく、これらの開発が地域経済の活性化に繋がるためには、東京や大都市圏から観光客などが継続的に来なければなりませんが、簡単ではありません。その一つめの理由は、都市間競争です。長崎新幹線の場合でも、大村駅、諫早駅、長崎駅は隣接した駅ですが、それらがすべて大規模な開発を検討しています。すべての開発が順調に進むのは困難でしょう。二つめの理由は、国内消費が伸び悩んでいることです。アクセスが改善されても消費に回るお金が増えなければ、国内での観光需要には限りがあります。三つめの理由は、ファミリー層や若者の来訪を維持し続けるためには、そのための仕掛け作りを継続させなければならない点です。大都市であればファミリー層向けのスポットが複数か所有り、それらが競争で需要を喚起できます。ところが地方の場合、一か所で続けなければなりません。四つめは海外への過度の期待です。特に大規模開発の中心をMICEにしている相模原市、長崎市は、東京都心部や横浜、福岡との競争になるため、よほどの工夫がない限り、状況は厳しいでしょう。

大規模開発が地域経済に与えるマイナスの影響も想定すべき

　新駅周辺を開発し、商業施設を誘致する計画があります。商業施設ができたから、新たな需要が発生する時代ではありません。他の施設で購入していた消費が新たな施設に移るだけです。その場合、周辺の大都市に流れていた消費が、地域に戻るのであれば、地域経済にはプラスに働きます。しかし、地域の商店街などから消費が移るだけであれば、商店街活性化などにはマイナスに働きます。

　また、新駅が中心部から離れている地域では、新駅周辺の開発と既存中心部の活性化を連動させようとします。長崎新幹線の新大村駅はその典型ですが、どう連動させるのかが不明瞭です。うまく連動しなかった場合、新駅周辺の開発が成功すると、既存中心部は消費が奪われて、衰退しかねません。

新駅設置の効果は地域全体で受け止めるべき

　新駅設置はその地域にとって大きな変化をもたらす可能性があります。しかし新駅周辺の大型開発を中心に、その可能性を受け止めようとしますと、過剰投資に繋がりかねません。大村市のように新幹線新駅設置を「人口増加の千載一遇のチャンス」「ビジネス展開の可能性が飛躍的に向上」と位置づけてしまいますと、それに水を差すような科学的な需要予測は退けられます。その結果、新幹線新駅設置が一時的な建設需要の発生に留まる危険性があります。

　図2-1から図2-3で、一重四角で囲った駅は大規模開発が想定されていません。もちろん、自治体の財政規模が小さく、大規模開発をしたくても、財政的に困難な場合もあるでしょう。また、現時点では大規模開発について明確な方向性を打ち出していなくても、可能であればそのような開発を進めたいと考えているかもしれません。甲府市、敦賀市の計画は、そのように読み取れます。

人口減少が確実な時代に、新たな大規模開発に踏み切るのは慎重にすべきです。新駅周辺整備は、駅前広場の設置、乗り換え利便性の向上など、アクセス性の向上に重点を置くべきです。その上で、新駅設置の効果を地域全体で受け止めるべきです。そのためには、地域に存在している観光資源、主要産業との関係を重視すべきです。そのような点では、長野県で取り上げた「リニアバレー構想」が参考になります。個々の点では賛否が分かれるかもしれませんが、新駅の効果を伊那谷全体で受け止めようとしている点は重要です。

東海道新幹線や山陽新幹線が開業したときとは時代が異なります。また東海道新幹線や山陽新幹線は、三大都市圏など大都市圏を結ぶものです。それに対して、リニア中央新幹線やこれからの新幹線は人口が減少する時代に開業します。また、大都市圏外を通ります。そのような違いを無視し、新駅周辺の大規模開発に邁進すると大きな失敗を引き起こしかねません。

参考文献

1. リニア中央新幹線新駅関係
   - 相模原市「相模原市広域交流拠点基本計画概要版」2014年6月
   - 相模原市「相模原市広域交流拠点整備計画」2016年8月
   - 山梨県「リニア環境未来都市整備方針」2017年2月
   - 甲府市「甲府市リニア活用基本構想」2017年3月
   - 長野県「長野県リニア活用基本構想」2014年3月
   - リニア中央新幹線整備を地域振興に活かす伊那谷自治体会議「リニアバレー構想」、2016年2月
   - 飯田市「リニア駅周辺整備基本計画（案）」2017年
   - 岐阜県「リニア基本戦略」2011年5月
   - 岐阜県「岐阜県リニア中央新幹線活用戦略」2014年3月
   - 岐阜県「リニア岐阜県駅周辺整備計画概略設計」2016年3月
   - 名古屋市「名古屋駅周辺まちづくり構想（案）」2014年6月

- 名古屋鉄道株式会社「名鉄名古屋駅地区再開発全体計画」2017年3月
- 日本経済新聞電子版、2017年3月29日付

2　長崎新幹線新駅関係
- 武雄市HP「武雄温泉駅南口周辺整備事業」
- 嬉野市「都市計画マスタープラン」2012年6月
- 嬉野温泉駅周辺まちづくり委員会「同委員会報告書」2016年3月
- 大村市「大村市新幹線新大村駅（仮称）周辺地域まちづくり計画」2014年8月
- 諫早市「新幹線効果を高めるための諫早市のまちづくり」2014年5月
- 諫早市「諫早駅周辺整備計画」2014年2月
- 長崎市「長崎駅周辺まちづくり基本計画」2011年2月
- 長崎市「交流拠点施設の基本的考え方」
- 長崎市「交流拠点施設」

3　北陸新幹線新駅関係
- 小松市「NEXT 10年ビジョン」2015年11月
- 加賀市「北陸新幹線加賀温泉駅駅舎デザインコンセプト」
- あわら市「芦原温泉駅周辺整備基本計画（改定案）」2017年3月
- 福井市「福井駅西口全体空間デザイン基本方針」2014年12月
- 福井市「福井駅・城址周辺地区まちづくりガイドライン」2016年3月
- 福井市「北陸新幹線福井開業アクションプラン」2017年3月
- 越前市「北陸新幹線南越駅周辺整備基本計画」2015年12月
- 敦賀市「第13回駅周辺構想策定委員会資料」2015年7月
- 敦賀市「駅西地区土地活用に係わる整備の方向性」2016年3月

3章　MICEによる国際会議・展示会誘致競争

　人口減少、個人消費の落ち込みを補う方法として注目されているのが外国人観光客による消費です。なかでも一人あたりの消費額が大きいのは、国際会議の参加者などです。そこで少なくない自治体が国際会議等の参加者を増やそうとしています。ただ、一般的な観光客とは異なり、国際会議場等がなければ誘致が進みません。そこで国際会議場等の整備構想が各地で策定されています。3章ではその実態を見ます。

1　MICE施設整備競争に至る経緯

MICEとは

　MICE（マイス）とは、M（Meeting）、I（Incentive Travel）、C（Convention）、E（Event, Exhibition）の頭文字を取った言葉です。M（ミーティング）というのは、国際的企業がグループ企業やパートナー企業を各国から集めた会議や、企業が外国で当該外国関係者などと行う会議で、Cに含まれない国際的な会議一般を意味します。I（インセンティブ）とは、企業が従業員やその代理店などの表彰や研修などの目的で実施する旅行のことで、企業報奨・研修旅行と呼ばれるものです。C（コンベンション）は一般的にイメージされる国際会議のことです。Conventionの代わりにConferenceを使う場合もあります。E（イベント、エキジビション）とは、スポーツイベント、文化的イベント、国際見本市、展示会、博覧会などのことです。

日本におけるMICEの経緯

　2006年に観光立国推進基本法が制定され、そのマスタープランとして観光立国推進基本計画が閣議決定されました（2007年6月）。その中で五つの基本的な目標が定められましたが、その二つめが「我が国における国際会議の開催件数を平成23年までに5割以上増やすことを目標とし、アジアにおける最大開催国をめざす」となっていました。ちなみに2005年の実績は168件、2011年の目標は252件です。

　この目標を達成するため、2009年7月、観光庁が「MICE推進アクションプラン」を作成しました。これは国際会議にとどまらず、MICE全般をとらえた政府の最初の計画です。

　このアクションプランでは、表3-1の基本的課題と方向性を示しています。ただし理念的な内容が多く、具体的とは言えません。また、施設整備も書かれていますが、あくまでも課題の列記で、具体的な内容を示したものではありません。

　その後、国際会議の開催件数は増えましたが、中国や韓国、シンガポールの増加率に比べると、日本の増加率は低く、アジアにおける国際会議開催シェアは下がり続けました。そこで観光庁はMICE国際競争力強化委員会を設置し、2013年8月に最終とりまとめを発表しました。先のアクションプランに比べると内容的にはかなり具体的になり、さらに都市の誘致競争力を強化するため、「グローバルMICE戦略都市」を創設しました。

　これを受け、2013年6月に「グローバルMICE戦略都市（5自治体）」と「グローバル

表3-1　基本的な課題と方向性

1	効果的なMICEプロモーションの実施
2	MICE推進の意義・効果の普及
3	国等による誘致・開催支援
4	MICEへの誘客
5	MICEの実態の把握
6	人材の育成
7	関係主体の効率的な連携
8	法律・制度等の整備、施設の整備

出所：「MICE推進アクションプラン」から筆者作成

表3-2 グローバルMICE都市

グローバルMICE都市 (2013年6月指定)	東京都、横浜市、愛知県名古屋市、京都市、大阪府大阪市、神戸市、福岡市
グローバルMICE強化都市 (2015年6月追加指定)	札幌市、仙台市、千葉県千葉市、広島市、北九州市

注:○○県××市となっているのは、府県と市が共同で応募したため
出所:観光庁ウェブサイトから筆者作成

MICE強化都市（2自治体）」を指定しました。さらに2015年6月に5自治体を追加指定しました。2015年6月以降、2013年に指定された7自治体は「グローバルMICE都市」となり、2015年に追加指定された5自治体は「グローバルMICE強化都市」と呼ばれています（表3-2）。

　MICEは海外から人や資金を呼び込み、ビジネス機会の創出、地域経済波及効果、都市の競争力・ブランド力を向上させるものです。それを進める中心は各都市であり、使う施設も大半は自治体所有か民間のホテルなどです。そこで政府は、先に書いたグローバルMICE都市、グローバルMICE戦略都市を指定し、国の支援を整え、自治体が積極的に取り組む条件整備を行ったといえます。その結果、指定された都市を中心に、MICE誘致競争が起こり、その延長線上に国際会議場、展示場などの整備計画が乱立しています。

2　MICE施設整備の歴史

MICE施設の2系譜

　MICEに関する主な施設は国際会議場と展示場です。国際会議場は一般的に同時通訳可能な施設ですが、多くの施設は100人〜200人程度です。1000人を超えるような国際会議場の多くは、三大都市圏か地

表3-3　MICE施設の現状

	場所	開館	国際会議場 最大収容人数	総収容人数	部屋数
国立京都国際会館	京都市	1966	1,846	3,250	6
石川県産業展示館	金沢市	1972			
ポートメッセ名古屋	名古屋市	1973			
北九州国際会議場	北九州市	1977	524	612	2
神戸コンベンションコンプレックス	神戸市	1981	692	1,052	2
ツインメッセ静岡	静岡市	1982			
アピオ	滝沢市	1985			
インテックス大阪	大阪市	1985			
沖縄コンベンションセンター	宜野湾市	1987	500	500	1
新潟市産業振興センター	新潟市	1987			
大宮ソニックシティ	さいたま市	1988	2,505	3,181	3
マロニエプラザ	宇都宮市	1988			
広島国際会議場	広島市	1989	1,504	3,464	5
幕張メッセ	千葉市	1989	1,664	1,352	2
名古屋国際会議場	名古屋市	1990	3,012	3,348	2
コンベックス岡山	岡山市	1991			
仙台国際センター	仙台市	1991	1,000	2,120	4
パシフィコ横浜	横浜市	1991	5,002	8,578	5
アスティとくしま	徳島市	1993	150	150	1
くにびきメッセ	松江市	1993	510	510	1
メッセウイング・みえ	津市	1993			
フェニックス・シーガイア・リゾート	宮崎市	1993	3,300	3,300	1
アクトシティ浜松	浜松市	1994	2,336	3,814	3
ビッグウイング	山形市	1994			
サンメッセ香川	高松市	1994			
マリンメッセ福岡	福岡市	1994	500	500	1
アイテムえひめ	松山市	1995			
アイメッセ山梨	甲府市	1995			
別府ビーコンプラザ	別府市	1995	300	492	2
東京ビッグサイト	江東区	1996	1,100	2,100	2
みやこメッセ	京都市	1996			
東京国際フォーラム	千代田区	1997	5,012	6,514	2
グランメッセ熊本	益城町	1998			
米子コンベンションセンター	米子市	1998	2,004	2,484	2
グランシップ	静岡市	1999	1,209	1,707	2
つくば国際会議場	つくば市	1999	1,258	1,782	4
大阪国際会議場	大阪市	2000	2,754	4,212	3
広島県立ふくやま産業交流館	福山市	2000	4,476	4,974	2
朱鷺メッセ	新潟市	2002	1,000	1,540	2
札幌コンベンションセンター	札幌市	2003	700	893	2
福岡国際会議場	福岡市	2003	1,000	1,420	2
サンポートホール高松	高松市	2004	1,500	2,240	4
福岡国際センター	福岡市	2004			
プラザヴェルデ	沼津市	2014	1,000	1,400	2

最大収容人数1000人以上の国際会議場、もしくは最大面積2000m²以上の展示場がある施設のみ
国際会議場：同時通訳可能で原則として椅子が固定されている空間、可動式の椅子であっても同時
　　　　　としているものは含む
展示場：同時通訳可能で国際会議にも使えるが、椅子が固定されていない空間は原則として展示場
　　　難しい施設もあり、その場合はどちらか一方に入れた
最大収容人数、最大面積：最も大きな会議場の最大収容人数、一体的に使える最も大きな展示場の
出所：各自治体のウェブサイト等から筆者作成

3章　MICEによる国際会議・展示会誘致競争

展示場 (m^2)		
最大面積	総面積	会場数
3,000	4,500	2
6,675	17,538	4
13,870	33,946	3
8,000	14,930	2
3,800	13,600	4
5,400	10,400	2
3,600	3,600	1
10,535	72,978	11
2,500	2,500	1
4,455	4,455	1
804	1,478	5
2,665	3,001	2
54,000	72,000	2
1,920	4,583	5
3,797	7,783	3
3,000	3,755	2
20,000	21,350	2
3,000	3,000	1
4,018	4,018	1
3,231	3,231	1
3,500	3,500	1
3,830	3,830	1
4,015	5,037	2
8,000	10,500	3
4,500	6,000	2
4,860	4,860	1
2,756	2,756	1
51,380	95,420	6
4,000	9,650	4
5,000	7,762	8
8,000	8,000	1
627	627	1
2,600	2,600	1
7,800	7,800	1
2,600	3,133	2
1,320	1,320	1
5,052	5,052	1
3,875	3,875	1

記載（2017年3月時点）
通訳施設が有り施設が会議室に含めた。ただし割り振りの床面積

方中心都市に整備されています。

　展示場は目的によって大きく二つに分かれます。一つは、地元企業の製品を展示したり、地元企業との取引を発展させるための展示など、地域の産業政策的側面を主たる目的としているものです。これらの施設は主に県庁所在地に設けられています。展示場は展示会の規模によっていくつかに分割して使えるようになっています。地元の産業政策的視点から整備される展示場の場合、一体的に使える最大面積は3000m^2程度です（展示スペースの面積）。またこのような展示場は、展示場の専用施設ではなく、スポーツ大会、各種の文化行事にも使えるように設計されている場合が見られます。本書ではこのようなMICE施設を地元型施設と呼びます。もちろん、1990年代に整備されたこれらの施設はMICE施設として整備されたものではありませんが、今ではMICE施設とされているため、本書でもそのように扱います。

　もう一つは、国際的に有名な展示会や、地元対象ではなく日本全体、場合によってはアジアを対象とした展示会を開催するための展示場です。有名なものとしては参加者が100万人前後の東京モーターショーがあります。このような展示会を開催する施設は限られています。最大面積が5万㎡を越える展示場は、

東京ビッグサイトと幕張メッセだけで、あとは2万m²のパシフィコ横浜、1万m²のポートメッセなごや、インテックス大阪で、全国に5か所しかありません。本書ではこのようなMICE施設を国際型施設と呼びます。

MICE施設整備のピークは1980年代後半から90年代

2017年3月31日時点のMICE施設の状況は表3-3の通りで、合計44施設です。ここでは1000人以上の国際会議場を持つ施設、もしくは展示室の最大面積が2000m²以上の施設に限定しています。これら施設が開設された時期ごとにまとめたのが表3-4です。この表ではMICE施設を表下段に示したように、規模で三つに分けています。地元型施設は「小」、国際型施設は「大」になり、「中」はその中間です。

日本で最初に造られた本格的なMICE施設は、1966年に建設された京都国際会館です。1970年までに建てられたのは、京都国際会館だけです。1970年代に入ると、前半に石川県産業展示館（金沢市）、ポートメッセなごや、後半に北九州国際会議場が造られています。

1980年代からMICE施設が整備され出しますが、80年代前半は4施設で、国際型施設のインテックス大阪ができています。80年代後半以降は急速に整備が進み、80年代後半は7か所、90年代前半は14か所、90年代後半9か所と、1986年から

表3-4　MICE施設の開設年

	箇所数			計
	小	中	大	
1970年以前	1			1
1971～1975		1	1	2
1976～1980		1		1
1981～1985	2	1	1	4
1986～1990	4	2	1	7
1991～1995	11	2	1	14
1996～2000	4	3	2	9
2001～2005	3	2		5
2006～2010				0
2011～2015	1			1
	26	12	6	44

小：国際会議場が2500人未満かつ展示場の最大面積が5000m²未満
中：小、大以外の施設
大：国際会議場が5000人以上もしくは展示場の最大面積が10000m²以上
出所：筆者作成

2000年までの15年間でMICE施設の68％が整備されています。またこの時期に国際型施設である幕張メッセ、パシフィコ横浜、東京ビッグサイト、東京国際フォーラムができています。幕張メッセ、東京ビッグサイトの最大面積は5万m²を越え、パシフィコ横浜、東京国際フォーラムの国際会議場は5000人以上が入れます。

2000年代に入るとMICE施設の整備は急に減ります。2005年までに5か所できていますが、2005年から2013年の9年間は1か所も造られていません。そして2014年にプラザヴェルデ（沼津市）が造られています。2001年から2015年までの15年間にできた施設は6か所、その前の15年間の2割しかできていません。

3 再び動き出したMICE施設計画

グローバルMICE都市の状況

先に書きましたが2013年、2015年にグローバルMICE都市、強化都市が指定されました。このころからMICE施設の整備が再び動き出しました。MICE都市、強化都市に指定された12市の計画状況を見たのが表3-5です。7 MICE都市はすべてMICE計画か関連する計画を策定しており、5 MICE強化都市のうち3市がMICE計画もしくは関連する計画を策定しています。たとえば東京都は、2015年7月に「東京MICE誘致戦略」を策定していますが、そこでは2024年に国際会議開催数世界トップスリーになるという目標を立て、そのために2013年比で1.5倍の国際会議を誘致するとしています。

特に目立つのはMICE施設整備計画です（表3-6）。現在、国内最大の展示場は幕張メッセと東京ビッグサイトの約5万m²、総面積は東京ビッグサイトが約9万5000平方メートルで最大、次いでインテックス大阪と幕張メッセが約7万m²です。東京都は東京ビッグサイトの

表3-5　グローバルMICE

	自治体名	MICE計画、MICE関連計画	策定時期
グローバルMICE都市	東京都	東京MICE誘致戦略	2015年 7月
	横浜市	中長期MICE戦略（素案）	2013年 3月
	愛知県名古屋市	あいち観光戦略	2016年 2月
	京都市	京都市MICE戦略2020	2014年10月
	大阪府大阪市	統合型リゾート（IR）立地による影響評価	不明
	神戸市	コンベンションセンター再構築基本構想	2013年 3月
	福岡市	福岡市MICE関連施設整備方針（案）	2015年 2月
グローバルMICE強化都市	札幌市	札幌MICE総合戦略	2015年 6月
	仙台市		
	千葉県千葉市	カジノ・MICE機能を含む複合施設の導入検討調査	不明
	広島市		
	北九州市	北九州市国際政策推進大綱2016	2016年 1月

注：横浜市の「中大型」というのは参加者数が300人以上、うち外国人が50人以上（「主な目標と
出所：各自治体のMICE計画などから筆者作成

表3-6　MICE施

	施設名	所在地	段階	
グローバルMICE都市	東京ビッグサイト	江東区	増築中	2019年完成予定、展示場面積
	パシフィコ横浜	横浜市	事業者決定	2020年完成予定（増築）、8000
	愛知県国際展示場	常滑市	公募段階	2019年完成予定（新設）、中部
	名古屋市国際展示場	名古屋市	構想	新第1展示館2万m²、2021年
	国立京都国際会館	京都市	増築中	2018年6月完成予定、新国際
	IR	大阪市	構想	新設、3案有り、カジノと一体、
	新コンベンションセンター	神戸市	構想	新設、展示場1万5000m²～2万
	MICE関連施設	福岡市	構想	新設、展示場5000m²、国際会
その他	群馬県コンベンション施設	高崎市	構想	新設、展示場1万m²、増築後
	相模原市広域交流拠点	相模原市	構想	新設、リニア新駅設置に伴う計
	キャスティ21	姫路市	構想	新設、2019年度完成予定、展
	長崎駅西側交流拠点施設	長崎市	構想	新設、新幹線新長崎駅に隣接、
	熊本城ホール	熊本市	工事着手	新設、2019年完成予定、桜町
	マリンタウン	与那原町	構想	新設、展示場2万m²、多目的

表3-3と同じ基準で全国の計画を検索した
出所：表3-5に記載した資料及び章末に記載した資料から筆者作成

都市、強化都市の計画

主な目標と実績	施設整備計画
2024年に国際会議開催数世界トップスリー（年間330回、2013年比1.5倍） 2025年に中大型国際会議年間65件開催（2011年32件） 2020年までに国際会議開催件数世界35位（2013年55位）	みなとみらい21中央地区でMICE施設整備 大規模展示場の整備 国立京都国際会館の拡充 国際展示場の建て替え構想 新展示場、新ホール構想
2019年の国際会議開催件数120件（2013年89件） 2020年度MICE開催件数120件（2014年度105件）	国際センター展示棟を建設（2015年完成）

実績」欄）

設整備計画・構想

施設規模
を2万m²増築（展示場の総面積11万5000m²） m²のホール（展示場の総面積3万m²）、複数の会議室（6500m²以上）を増築 国際空港に隣接、展示場5万m²、1万m²の計6万m² 完成予定。近接地域に10万m²の展示場を検討 会議場2500人規模 最大規模の場合、展示場20万m²、国際会議場12000人 m²、国際会議場6000人〜8000人 議場2500人〜3000人
は2万m² 画、コンベンション施設を予定、床面積3万m²〜8万m²を想定 示場5000m² 2021年完成予定、展示ホール4000m²、メインホール3000m²、会議室2500m² 市街地再開発事業で実施、メインホール2300人、展示ホール1800m²、多目的ホール1000m² ホール7500人

増築を進めており、最終的には総面積が11万5000m²程度になります。

愛知県は中部国際空港に隣接して展示場の建設を進めていますが、最大面積が5万m²、総面積は6万m²です。最大面積では東京ビッグサイト、幕張メッセとほぼ同じ、総面積ではインテックス大阪、幕張メッセの約85%になります。名古屋市も名古屋市内に展示場の新設を検討しています。第一展示場は2万m²、その後は近接地に10万m²の展示場を建てるとしています。すべて完成すると増築後の東京ビッグサイトを越えます。現在、名古屋市にある大規模な展示場は、ポートメッセ名古屋と名古屋国際会議場で総面積3万8529m²です。愛知県と名古屋市が進めている計画が実現しますと、新たに整備される展示場の総面積は18万m²、現在の4.7倍です。

大阪府は臨海部にカジノと一体でMICE施設を整備する考えです。構想段階ですが、3案示されており、そのうち最大なものは展示場の総面積が20万m²、増築後の東京ビッグサイトの1.7倍です。

現在、国内最大の国際会議場は東京国際フォーラムとパシフィコ横浜の約5000人です。それに対して、大阪府が検討している国際会議場は最大規模の場合、1万2000人。神戸市が検討している国際会議場は6000人から8000人です。

全国で進められているMICE施設計画

MICE都市以外でもMICE施設計画が進んでいます。群馬県は高崎市に1万m²の展示場を計画しています。その後増築して2万m²にする予定です。相模原市はリニア新駅周辺開発の一環でMICE施設整備を検討しています。東京から1駅のため、十分需要があるとしています。構想している展示場の総面積は3万m²から8万m²です。最大規模ですと幕張メッセ級になります。兵庫県姫路市はキャスティ21というMICE施設計画を進めています。主な施設は展示ホール5000m²で

す。

　九州では長崎市、熊本市が MICE 施設の計画を進めています。長崎市は長崎新幹線新長崎駅西側に MICE 機能を中心とした複合施設を検討しています。内容は、展示ホール 4000m^2、メインホール 3000m^2、会議室 2500m^2 で、長崎新幹線開業（2022年）の前年までに完成させる予定です。熊本市は桜町地区市街地再開発事業を進めています。ホテル、商業施設、住宅等が入る民間施設と公益施設の熊本城ホールを整備します。熊本城ホールは2300人のメインホール、19室 2000m^2 の会議室、1000m^2 の多目的ホール、1800m^2 の展示ホールからなります。完成予定は2019年です。

　沖縄県は与那町と西原町にマリンタウンを計画していますが、その中に MICE エリアを検討しています。整備する主たる施設は展示場で想定している最大面積は 2 万 m^2 です。また多目的ホールも併設する予定で、最大収容人員は 7500 人です。

MICE 施設計画の特徴

　現在進行している MICE 計画の一つめの特徴は、規模が巨大化していることです。表 3-4 のように、現存する 44 施設のうち国際型施設（大）は 6 か所、14% です。それに対して、現時点で判明している施設計画 14 か所のうち、国際型施設は 8 か所、57% で過半数を超えています（表 3-6）。しかも極めて大きな規模です。東京ビッグサイトの増築工事が終了すると、総面積は 11 万 5000m^2 となり日本で唯一 10 万 m^2 を超える施設が誕生します。ところが大阪ではその 1.7 倍の展示場が計画され、名古屋では同規模の展示場が計画されています。相模原市が計画している展示場は国内第 2 位の幕張メッセと同規模、高崎市、神戸市、沖縄県で計画されている展示場はパシフィコ横浜クラスです。

二つめの特徴は、MICE計画の中心が三大都市圏になっていることです。現存する44施設のうち三大都市圏にあるのは12施設、27％です。今ある施設の約4分の3は地方にあります。現存する施設の大半は地元型施設であり、地方の県庁所在市などに立地しているからです。ところが、現在計画されているMICE施設計画14か所のうち、8か所、57％が三大都市圏です。

　三つめの特徴は、地方でも国際型施設が計画されていることです。現存する施設のうち国際型施設は6か所で、すべて三大都市圏にあります。それに対して、群馬県、沖縄県でも国際型施設を検討しています。

4　過剰計画の危険性が高い

厳密な需要予測は困難

　日本最大規模のMICE施設を計画している大阪府が、なぜそのような規模を提案しているのか、その根拠を見ます。大阪府はまずM（企業等の会議）、I（企業等の報奨・研修旅行）、C（国際会議）、E（展示会Ex、イベントEv）ごとに需要予測を行っています。それをまとめたのが表3-7です。すべてについて2014年を基準年とし、2024年の予測値（大阪府内での開催件数）を示しています。これによると、2024年までの10年間で、最低のM（企業等の会議）で42％増、最大のI（企業等の報奨・研修旅行）では445％増です。

　日本政府観光局は国際会議統計を発表しています。それによると、

表3-7　大阪府の需要予測（件数）

	2014年	2024年	増加率(%)
M	3,020	4,295	142.2
I	51	227	445.1
C	253	441	174.3
Ex	49	73	149.0
Ev	5,368	9,548	177.9

出所：大阪府「統合型リゾート（IR）立地による影響評価」より筆者作成

表 3-8　展示会の開催件数（年間）

	2005	2006	2007	2008	2009	2010	2011	2012	2013	2014
件　　数	528	692	721	621	603	611	573	610	655	685
対前年度比		131.1	104.2	86.1	97.1	101.3	93.8	106.5	107.4	104.6

出所：桜井悌司氏資料より筆者作成

　2006年に大阪府で開催された国際会議（C）は182件、2015年は242件です。2006年から2015年の9年間で33％増加しています。年平均3.6％増です。それに対して大阪府の予測値は2024年で441件です。この予測値ですと2015年から2024年までの増加率は82％、年平均9.1％増になり、実績の2.5倍です。

　展示会（Ex）の数値を見ます。展示会に関する公式な統計は存在していませんが、日本展示会協会の資料によると、最近の10年間、日本で開催された展示会はだいたい600件代で推移し、大きく変化していません（表3-8）。表を見れば明らかなように、前年度よりも増えている年と減っている年があり、何年を基準にとるかで増減率は変わります。ちなみに表3-8の場合、1年間の平均増加率は3.6％です。一方、大阪府の需要予測では、年間平均増加率は14.9％です。

　MICEについては厳密な統計がありません。地元型施設であれば、地域の産業振興的側面が強いため、ある程度、需要を予測できるかもしれません。しかし国際型施設の場合、海外の他施設と競争で誘致するため、実際どの程度の需要が、たとえば大阪で発生するかの予測は極めて困難です。結局、各自治体が作成している予測値は科学的というよりも希望的な予測値と考えた方がいいでしょう。

国際型施設が急増

　すでにある展示場と、いま検討されている展示場構想を元に作成したのが図3-1です。横軸は整備された年、縦軸は展示場の総面積です。

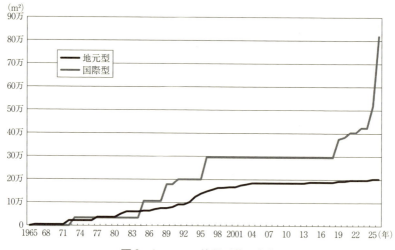

図3-1　MICE 施設面積の変化
注：2014年までは実績、それ以降は推計
出所：筆者作成

　図は地元型施設と国際型施設に分けています。構想ですが、すでに工事などに着手しているものについては完成予想年で、それ以外については構想が立てられた年のおおよそ10年後に完成するとしました。
　図を見れば明らかなように、国際型施設が急増しています。すべて造られたら面積で現時点の約2.8倍になります。

巨大化を追求する日本の MICE 施設計画

　今後、日本経済、地域経済を活性化させるためにインバウンドを増やすのが日本の戦略ですが、国際的動向をまず見ます。
　図3-2は、大陸別に見た国際会議の開催件数です。2000年代後半は順調に伸びていましたが、2011年、2012年は大幅に減少しています。2013年から再び増加に転じ、2014年、2015年はピークを更新しています。ただ、顕著な増加かというとそうではなく、2010年の水準に戻

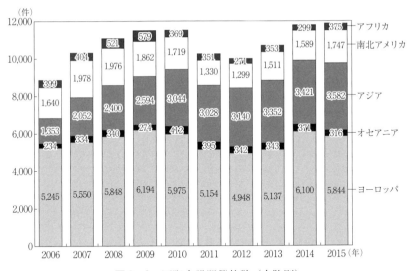

図 3-2　国際会議開催件数（大陸別）
出所：「2015年国際会議統計資料」より転載

った程度です。大陸別に見るとアジアは着実に増加しています。ただそれでも最近の5年間で18%増です。展示会については国際的な資料がないためわかりませんが、傾向的にはおおよそ同じだと類推できます。

　政府や自治体は世界、特にアジアで今後も増え続けるMICEを日本に誘致することができれば、インバウンドを増やせるとしています。そのためには解決しなければならない課題がありますが、そのうちの大きな一つは施設整備だとしています。

　日本の施設規模を国際的に見ます。たとえば展示場の場合、世界最大はドイツ・ハノーバーの展示場で46万m²、2番目は中国・上海で40万m²です。東京ビッグサイトは世界73位、幕張メッセが88位、インテックス大阪が91位です。

　このような数値だけ見ると、日本も大規模な展示場を造らなければ

ならないと思いがちですが、展示場の上位100位は古くからMICEを進めてきたドイツ、世界最大の経済大国アメリカ、経済成長の著しい中国が多くを占めています。日本は100位以内に三つ入っていますが、フランスは五つ、イギリスは三つです。アジアでも中国以外は、シンガポール、タイ、韓国が1か所ずつで、必ずしも日本の施設規模、個数が劣っているとは言えません。

構想中の施設ができると、大阪は世界で15位ぐらい、名古屋は35位ぐらい、東京ビッグサイトは40位ぐらい、相模原が75位ぐらいです。ドイツ、アメリカ、中国に割って入ろうとしていますが、はたして可能でしょうか。また、そのような方向がすでに人口減少局面に入った日本にふさわしい方向でしょうか。

国際型施設は過剰供給の危険性が大きい

展示会は、商品などを国際的及び消費地にアピールし、取引きを活発化させるために行います。当然、経済規模と経済成長が大きい地域に目が向きます。その結果、EUの経済中心であるドイツ、アメリカ、中国に大型MICE施設が集中しています。

国際的には人口が増え続けますが、日本では今後、人口が減ります。それに伴って日本国内での需要も減少します。特にアジア諸国では、人口が急増し、需要も急増する国が増えます。そのような時に、日本が規模や量の追求に邁進すべきでしょうか。また、自治体が巨大なMICE施設整備を進めるべきでしょうか。

地域での消費の落ち込みに対してインバウンドを増やし、訪日外国人の消費に期待を寄せています。その方法の一つがMICEです。もちろんMICEの規模や回数が大きければ大きいほど、地域経済効果も大きくなります。そこでできるだけ大きな国際型施設を造り、大規模なMICEを誘致しようとしています。そのような希望的観測に基づいた

需要予測を作り、施設計画を立てていますが、冷静に考えると、そのような需要が日本の各地で発生することはあり得ません。もし自治体が競争のように巨大な MICE 施設整備を進めると、過剰供給という事態がもたらされるでしょう。

5　MICE 施設計画のあり方

国際型施設の整備は政府主導で進めるべき

　先に見ましたが、ドイツ、アメリカ、中国を除くと、大規模な MICE 施設を多く保有している国はありません。アジアでは、1 国に 1 か所です。日本に巨大な MICE 施設を作るべきだという主張は、諸外国と比べると日本の MICE 施設は規模が小さいため、大規模な MICE が誘致できないということを根拠にしています。

　では現在、日本でどの程度大規模な展示会が開催されているのでしょうか。日本展示協会のデータを見ます。同協会の調査によると展示会の回数は 163 回。そのうち出展面積 5 万 m^2 以上は 3 回（1.9%）、3 万 m^2 以上 5 万 m^2 未満は 2 回（1.2%）、1 万 m^2 以上 3 万 m^2 未満は 39 回（23.9%）、1 万 m^2 未満が 119 回（73%）です。

　日本の展示場で最大面積は東京ビッグサイトと幕張メッセで 5 万 m^2 です。展示会協会によると、このデータでほぼ日本で開催されている展示会の半分程度だそうです。そうすると東京ビッグサイトと幕張メッセの最大展示室をすべて活用する展示会は、多くても年間数回程度だと推測できます。もちろん、さらに規模の大きい展示場を造れば、もっと大きな展示会を誘致することができるかもしれません。ただし、そのような展示会はごく少数で、大半は 1 万 m^2 以下の展示会です。

　たしかに展示場の規模から見ますと、日本の展示場は世界的に見て大きいとは言えません。しかしそのような大規模な展示場を全国に複

数整備しても、有効に活用できる保障は全くありません。今後、国際化がさらに進むとしても、日本を代表するような施設を、自治体間の競争で整備するのは誤りです。そのような大規模施設は、政府の責任で、国家的視点で整備すべきであり、自治体に委ねるべきではありません。自治体に任せると、都市間競争となり、過大な施設整備に繋がります。すでにその兆候が現れています。

需要増→新施設の整備とは限らない

多くの自治体は、今後 MICE の需要が増え、既存施設ではそれらの取り込みが困難になります。そのため、新たな施設整備を進めなければならないとしています。はたしてそうでしょうか。

もう一度、大阪府を例にとって考えます。大阪府で 2015 年に開催された国際会議は 242 件、これが 10 年後には 441 件になると予測しています。2015 年の国際会議開催件数 1 位は東京都で 583 件、2 位は福岡県で 450 件、大阪府は 3 位です。大阪府は 10 年後には 441 件と予測し、12 万人規模の会議場を検討しています。しかし、東京都、福岡県は 2015 年ですでにそれを超えています。東京都にある公的な国際会議場で 1000 人を超える施設は東京国際フォーラム（最大収容人数 5012 人）だけです。また、福岡県にある公的な国際会議場で 1000 人を超えるのは福岡国際会議場（同 1000 人）だけです。大阪にはすでに 2754 人収容可能な大阪国際会議場があります。東京都と福岡県がそのような状態で大阪の予測値を超える国際会議をすでに開催しているのに、なぜ大阪に東京国際フォーラムの 2.4 倍もの国際会議場が新たに必要なのでしょうか。

そもそも国際会議は自治体等が整備する国際会議場以外でも開かれています。2015 年、国内で国際会議開催件数 1 位は九州大学で 158 回です。2 位は東北大学、3 位は名古屋大学で、10 位までのうち八つは

大学です。行政が整備した施設は、4位のパシフィコ横浜（93回）、10位（39回）の京都国際会館だけです。

国際会議は大学、ホテルなどさまざまな場所で開催されており、国際会議の開催回数が増えるから自治体などが施設を整備しなければならないとはなりません。大半の国際会議や展示会は既存施設で開催可能な規模です。大規模な施設整備に予算を割くよりも、既存施設の改善、有効活用、運営の改善等に予算を割くべきです。

地元企業の参加で地元型施設の充実を図るべき

日本のMICE施設の多くは1980年代後半から1990年代に造られた地元型施設です。規模、立地から見て、それらの多くは地元企業の振興、地域経済の発展を念頭に置いたものでした。当時はMICE施設とは呼ばれていませんでした。もちろん本書では地元型施設と呼んでいますが、地元のニーズを越えた大規模な施設もあり、当時の施設整備を無条件で肯定しているのではありません。1990年代は日米構造協議に端を発した大型公共事業が全国で取り組まれた時期であり、その一環で整備された施設もあります。

一方、現在のMICE施設計画の中心は国際型施設であり、それらは地元企業の振興を念頭に置いたものではありません。大規模なMICEを誘致し、インバウンドによる消費の拡大をめざしたものです。

しかし会議場や展示場の本来の趣旨は、地元企業の振興です。今ではMICE施設と呼ばれていますが、海外から呼び込むのではなく、地元の需要を踏まえ、それに沿った施設整備、運営を進めるべきです。表3-3は2000m^{2}以上の展示場に限定したため、この表には入っていませんが、地元企業の振興を進めるための展示場などが全国各地あります。国家的レベルで整備するような大規模なMICE施設ではなく、自治体主導で進める施設整備は、地元型施設にすべきです。その際、国際

会議などの需要予測ではなく、地元企業がどのような施設を必要としているのかという、地元ニーズの把握をまず進めなければなりません。

その上で、地元企業参画の下で、どのような施設運営が求められるのか、場合によっては施設の改善、増築などが必要なのかを検討すべきです。

もちろん地元企業が海外企業と取り引きを希望する場合があります。そのような場合は適切に対応すべきですが、最初から MICE 誘致を掲げてしまうと、世界がターゲットになるため、地域の実情から離れた MICE 誘致の希望的観測となり、過大な施設計画に繋がります。

参考文献

1　MICE の意味については、観光庁「MICE 推進アクションプラン」2009 年 7 月での説明を参考にしました。
2　「観光立国推進基本計画」2007 年 6 月
3　MICE 国際競争力強化委員会「我が国の MICE 国際競争力の強化に向けて～アジア No.1 の国際会議開催国として不動の地位を築く～（MICE 国際競争力協会員会最終とりまとめ）」2013 年 8 月
4　国際会議の開催件数については、日本政府観光局（JNTO）「2015 年国際会議統計資料」を参照しました。https://mice.jnto.go.jp/index.php
　　国際会議とは、参加者数 50 名以上、参加国 3 か国以上（日本を含む）です。また、中・大型国際会議とは参加者数 300 人以上、外国人参加者 50 人以上です。以上は JNTO の基準です。
5　展示会の開催件数、面積等については日本展示会協会の下記資料を参照しました。
　・桜井悌司日本展示会協会事務局長「日本の展示会産業の動向と国際化への課題」2016 年 8 月、http://www.nittenkyo.ne.jp/article/15310221.html
　・「展示会場面積世界ランキング」http://www.nittenkyo.ne.jp/image/kaijou_Ranking.pdf
　・「日本展示会協会会員主催者・団体の平成 26 年度主催展示会実績について」2016 年 11 月、http://www.nittenkyo.ne.jp/image/26_jisseki.pdf

6 　表 3-6 の作成に使用した資料は以下の通りです。
・愛知県振興部地域政策課大規模展示場準備室のウェブサイト
・名古屋市市民経済局「大規模展示場の整備等に関する調査業務報告書（概要版）」2016 年 3 月
・群馬県企画部コンベンション推進課「群馬県コンベンション施設基本設計概要版」2016 年 12 月
・相模原市「相模原市広域交流拠点整備計画」2016 年 8 月
・姫路市「文化・コンベンションエリア基本計画」2015 年 3 月
・熊本市「熊本市 MICE 施設整備基本計画」2014 年 3 月
・熊本市経済観光局新ホール開設準備室「(仮称) 熊本城ホール」リーフレット
・長崎市都市経営会議資料「MICE 機能を中核とした複合施設の検討方針について」2016 年 9 月
・沖縄県「大型 MICE 施設整備と街づくりへ向けた基本構想」2014 年 3 月
・沖縄県「マリンタウン MICE エリアまちづくりビジョン（案）」2016 年 10 月
上記以外は表 3-5 に記載した資料

4章　立地適正化計画による都心開発の再燃

　コンパクトシティをハード面（土地利用）から進めようとするのが立地適正化計画です。4章では、立地適正化計画の概要をみた上で、実際に自治体が作成している立地適正化計画の特徴をみます。コンパクトシティに対する自治体の考えはさまざまです。しかし、立地適正化計画を活用して市街地を縮小するというよりも、立地適正化計画を活用して中心部の開発を進めようとしている自治体が多くみられます。その状況を4章でみます。

1　立地適正化計画の概要

人口減少に伴う市街地の計画的縮小

　国土再編のキーワードは、コンパクト＋ネットワークです。特に、人口の大幅な減少が想定されている地方都市は、ソフト面では連携中枢都市圏、ハード面ではコンパクトシティが重視されています。連携中枢都市圏は、地方中心都市を核として地域の経済成長を進めると同時に、人口が減少しても暮らしを維持するために、市町村間で政策的連携を進めようとするものです。

　コンパクトシティは人口増加とともに拡大した市街地を、人口減少に伴って縮小させるという考えです。国土交通省はこのコンパクトシティの意義を4点に分けて説明しています（「改正都市再生特別措置法等について」）。一点目は、持続可能な都市経営のためです。人口減少とともに、公共投資、行政サービスの効率化を図るため、またビジネ

ス環境の維持・向上のためという理由です。二点目は、高齢者の生活環境・子育て環境のためです。医療福祉施設等を中心部に集約することで暮らしやすい地域をつくり、またコミュニティ力を維持すべきとしています。三点目は、地球環境、自然環境のためです。コンパクトな市街地にすることでエネルギーの効率的利用を進め、またCO_2排出削減を進めることができるとしています。四点目は、防災のためです。災害危険性の低い地域を重点利用し、また集まって住むことで効率的な避難が実現できるとしています。

人口が増える時代は市街地を拡大しました。人口が減る時代は、市街地を縮小させようという考えです。そうしなければ人口減少とともに地域にはさまざまな問題が生じますが、コンパクト化を図ればむしろ暮らしは向上するというわけです。

都市再生特別措置法の改正

このような考えを実際に進めるため、2014年に都市再生特別措置法が改正され、立地適正化計画が加わりました。この立地適正化計画を策定するのは市町村です。ただし、複数の市町村が連携して立地適正化計画を作成することもできます。

また立地適正化には誤解があるとして、それについては以下のように答えています(「改正都市再生特別措置法等について」)。一極集中、つまり市町村内の最も主要な拠点1か所にすべてを集約させるのではないかという意見に対して、中心的な拠点だけでなく、旧町村の役場周辺などの生活拠点も含めた多極ネットワーク型のコンパクト化を目指すものだと答えています。また、すべての居住者を一定のエリアに集約させるのではないかという意見には、農業等の従事者が農村部に居住することは当然ですべての居住者を集約させるものではないと答えています。さらに、居住者や住宅を強制的に短期間で移転させるの

ではないかという意見に対しては、インセンティブを講じながら時間をかけて集約化すると答えています。

居住誘導区域

立地適正化計画の区域は都市計画区域と一致させるとなっています。その上で、居住誘導区域と都市機能誘導区域を定めます。この二つの区域設定が立地適正化計画の柱で、立地適正化計画の中では必ず設定しなければなりません（図4-1）。

居住誘導区域は「人口減少の中にあっても一定エリアにおいて人口密度を維持することにより、生活サービスやコミュニティが持続的に確保されるよう、居住を誘導すべき区域」です。市街化区域全域を居住誘導区域にするのではなく、原則として市街化区域の一部にしなけ

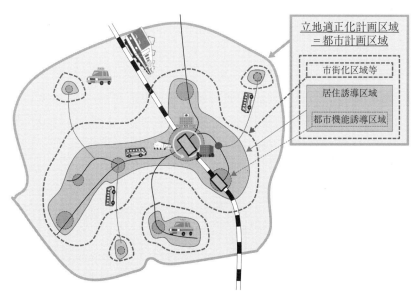

図4-1　立地適正化計画の区域指定
出所：国土交通省「改正都市再生特別措置法について」2015年3月より転載

ればなりません。居住誘導区域にふさわしい地域として、下記の３地域が示されています。都市機能や居住が集積している都市の中心拠点及び生活拠点並びにその周辺区域。都市の中心拠点及び生活拠点に公共交通により比較的容易にアクセスすることができる区域。合併前の旧町村の中心部などの区域。

　反対に、居住誘導区域に含めないもしくは含めないようにする区域は、市街化調整区域、自然災害で被災する可能性が高い区域、工業専用地域など居住にふさわしくない区域などです。居住誘導区域は市街化区域の一部になるため、長期的には市街地が現在の市街化区域より狭くなります。

　居住誘導区域を定めたら、居住誘導区域外から居住誘導区域に転居を促す誘導措置を定めます。この立地適正化は強制的に移住させるものではなく、あくまでも誘導が基本です。

　居住誘導区域は市街化区域内に設定します。そのため、市街化区域内ですが、居住誘導区域外という区域が生まれます。本書ではこの地域を居住誘導区域外と呼びますが、イメージ的には市街化調整区域と居住誘導区域の中間です。市街化調整区域は原則として開発ができませんし、一定規模以上の開発をする場合は許可が必要です。それに対して、居住誘導区域外では一定規模以上の開発をする場合、届出が必要になります。その届出を受けた市町村は、規模の縮小や居住誘導区域内で開発するように調整することができます。その調整が不調に終わった場合、勧告をすることができ、必要な場合は居住誘導区域内の土地収得についてあっせん等を行うように努めなければなりません。つまり居住誘導区域外は市街化調整区域ほど厳しくありませんが、開発について若干の制約がかかります。

都市機能誘導区域

　都市機能誘導区域は「医療、福祉、商業等の都市機能を都市の中心拠点や生活拠点に誘導し集約することにより、これらの各種サービスの効率的な提供を図る区域」です。この都市機能誘導区域は居住誘導区域内に設定しなければなりません。

　都市機能誘導区域は、市町村の主要な中心部、合併前旧町村の中心部、歴史的に集落の拠点としての役割を担ってきた生活拠点等を想定しています。また徒歩や自転車などにより容易に移動できる程度の範囲が望ましいとされています。

　都市機能誘導区域を設定したら、誘導施設を決めなければなりません。「誘導施設とは、都市機能誘導区域ごとに、立地を誘導すべき都市機能増進施設」です。具体的には、病院、高齢者施設、保育所、図書館、スーパーマーケット、市役所支所などです。

　その上で、誘導施設の立地を誘導するための施策を定めます。たとえば、補助金の上乗せ措置、税制上の特例措置、運営費用の支援措置、誘導施設に対する容積率の緩和、市町村が保有する不動産の有効活用施策などです。

　誘導施設を都市機能誘導区域外に建設などする場合、居住誘導区域と同じように、事前に届出なければなりません。届出を受けた市町村は、調整を行い、勧告することができます。

2　過大な人口減少予測

立地適正化計画の取り組み状況

　国土交通省の資料によると2016年12月末時点で立地適正化計画の作成について、具体的な取り組みを行っている市町村は309です。また2017年5月12日時点で立地適正化計画を策定済みなのは110市町で

表4-1　立地適正化計画策定自治体（2017年5月12日時点）

	自治体数	自治体名
北海道	2市	札幌市、釧路市
東　北	18市	八戸市、弘前市、むつ市、花巻市、大崎市、鶴岡市、福島市、郡山市、新潟市、長岡市、三条市、新発田市、上越市、魚沼市、胎内市、小千谷市、見附市、五泉市
関　東	14市2町	水戸市、土浦市、宇都宮市、那須塩原市、下野市、太田市、川越市、志木市、毛呂山町、鳩山町、成田市、佐倉市、流山市、藤沢市、小田原市、大和市
中　部	18市	長野市、松本市、小諸市、駒ヶ根市、佐久市、千曲市、岐阜市、関市、静岡市、豊橋市、岡崎市、春日井市、豊川市、刈谷市、小牧市、東海市、知立市、桑名市
北　陸	10市2町	富山市、小矢部市、入善町、金沢市、小松市、輪島市、野々市市、福井市、鯖江市、あわら市、越前町、越前市
近　畿	19市2町	守山市、野洲市、湖南市、東近江市、吹田市、高槻市、守口市、枚方市、八尾市、箕面市、門真市、高石市、尼崎市、たつの市、福崎町、桜井市、川西市、和歌山市、海南市、有田市、新宮市
中　国	3市	高梁市、府中市、周南市
四　国	9市	松山市、宇和島市、八幡浜市、西条市、伊予市、四国中央市、高知市、南国市、土佐市
九　州	11市	北九州市、久留米市、飯塚市、行橋市、小城市、大村市、熊本市、荒尾市、菊池市、鹿児島市、都城市
計	104市6町	

出所：国土交通省ウェブサイト「立地適正化計画作成の取組状況」を元に筆者作成

す。本書ではこの110市町の立地適正化計画について分析します（**表4-1**）。最初に立地適正化計画を策定したのは大阪府箕面市で2016年2月です。その後、1年3か月程度の間に110市町が策定したことになります。

　110市町の内訳ですが、三大都市圏内は34市町（30.9％）です。地域的にみると、北海道、中国地方の策定状況が低くなっています。す

でに策定したのは 104 市 6 町で村はありません。立地適正化計画の対象範囲は、実質的には市街化区域であるため、多くの村は立地適正化計画を策定できないと思われます。

人口規模は、最大が札幌市の 195 万 2356 人、最小は川西町の 8485 人です（2015 年 10 月 1 日時点）。

人口ビジョンではなく社人研予測を利用

立地適正化計画は人口減少に伴ってコンパクト化を進める計画です。計画を策定する際、市町村は将来人口予測を行います。はたして市町村はどの程度の人口減を想定しているのでしょうか。この想定によって計画に取り組む緊急度が決まります。

この将来人口予測について国土交通省は「国立社会保障・人口問題研究所が公表している将来推計人口の値を採用すべき」としています（「立地適正化計画作成の手引き」）。その理由は、自治体が作成した人口ビジョンは「趨勢よりも過大・過小な出生率・移動率や地域住民の希望などを仮定しただけの将来推計人口」であり、そのような将来人口予測に基づいて立地適正化計画を作成すると「的確な都市経営が持続できない恐れがある」からだとしています。

これは明らかにおかしな話です。国立社会保障・人口問題研究所（以下、社人研と略します）の予測値のような人口減少が生じると大変なため、国、自治体が一体となって地方創生を進めているはずです。自治体は市民の希望などを踏まえ、将来どの程度の人口を想定するのかという人口ビジョンを作成し、それを実現するために総合戦略をまとめています。国も自治体の指針となる長期ビジョン・総合戦略を作成しています。

ところが国土交通省は、立地適正化計画は社人研の将来人口推計を使って計画せよと指示しています。これは地方創生の取り組みを無視

しろといっているのと同義であり、明らかに問題です。

　地方創生を無条件に肯定しませんが、人口減少を少しでも穏やかにしようとしている自治体の取り組みは重要です。自治体の展開しているさまざまな施策が少子化対策に繋がるようにすべきであり、また少子化対策という視点からすべての施策を点検すべきです。自治体にとってさまざまな施策を展開し人口ビジョンを達成することが最も重要なことです。

　まちづくりも当然、少子化対策との関係で考えるべきです。まちづくりは生活の基盤であり、積極的に人口ビジョン実現に寄与すべきです。立地適正化計画も、その実現を通じて、子育てしやすいまちの実現に寄与すべきであり、人口ビジョン、総合戦略の一環であるべきです。国土交通省が言うように自治体が作成した人口ビジョンが過大な予測であれば、人口ビジョンを修正すればいいのであって、社人研の予測値を使うべきとはなりません。

過大な人口減少予測を設定

　立地適正化の目標年ですが、国土交通省は「おおむね20年後の都市の姿を展望する」（「改正都市再生特別措置法等について」）としています。110市町の多くは2016年度に策定しているため、2030年から2040年の間に目標年を設定している市町が89で80.9%です。

　そこで人口ビジョンの予測値と社人研の予測値では、どの程度将来人口が異なるかをみるために、2015年の人口（実績）に対して、人口ビジョンで想定した2040年の人口と、社人研の将来人口推計を比較します。

　まず人口ビジョンですが、2015年から2040年までに人口増と判断したのは13市町、人口減と判断したのが96市町です。最大は14.5%増、最小は33%減です。平均は10.4%減です。

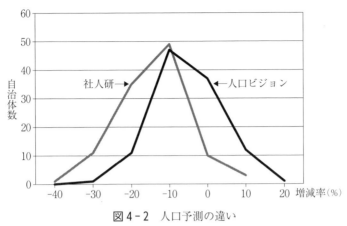

図 4-2　人口予測の違い

出所：筆者作成

　一方、社人研ですが、2015年から2040年までに人口増と判断したのは3市町、人口減と判断したのが106市町です。最大は7.3%増、最小は44.4%減です。平均は19.2%減です。グラフにしたのが図4-2ですが、社人研のグラフの方がおおよそ10%程度、減少側に寄っています。つまり、立地適正化計画は人口ビジョンよりも10%程度、人口減少率を過大に想定していると言えます。

3　立地適正化計画の重点は縮小ではなく中心拠点の設定

区域指定の状況

　立地適正化計画では、居住誘導区域と都市機能誘導区域を設定します。両区域の設定は必須です。そもそも立地適正化計画は、人口減少を踏まえ、居住機能や都市機能を誘導し、ネットワークで繋げ、コンパクトなまちをつくるものです。

　そこで110市町の立地適正化計画で居住誘導区域と都市機能誘導区域がどのように設定されているかをみます。表4-2は区域の指定状

表4-2　区域指定の状況

	自治体数	割合(%)
両区域を指定	67	60.9
都市機能誘導区域のみ指定	43	39.1
居住誘導区域のみ指定	0	0.0
	110	100.0

出所：筆者作成

況です。両区域を設定しているのは67市町、60.9％。都市機能誘導区域のみ設定したのは43市町、39.1％です。約4割の市町は都市機能誘導区域のみを設定しています。それら市町の大半は、今後1～2年以内に居住誘導区域を設定するとしていますが、都市機能誘導区域の設定を重視していると考えていいでしょう。ちなみに居住誘導区域のみを設定した市町はゼロです。

都市機能誘導区域の規模

　都市機能誘導区域について国土交通省は「中心拠点」「地域／生活拠点」というイメージを例示しています。前者は「高次の都市機能を提供する拠点」で、誘導する施設としては本庁舎、相当規模の商業施設、中央図書館などとしています。後者は「日常的な生活サービス施設等が集積する地区」「徒歩、自転車または末端公共交通手段を介して、周辺地域から容易にアクセス可能な地区」で、誘導する施設としては地域包括支援センター、保育所、食品スーパー、郵便局等です。

　これによると中心拠点はその自治体の中心地区、地域／生活拠点は小学校区、中学校区内の中心地区、大きくても2～3中学校区ぐらいの中心地区のイメージになります。

　都市機能誘導区域を利用する市民の数という視点で考えると、中心拠点の大きさは自治体の規模で異なります。一般的に、自治体の規模が大きくなるほど、その中心拠点を使う市民も多くなります。地域／生活拠点の都市機能を使う市民の数（1か所あたりの人口）は、日常

的に使い、かつ容易にアクセスできるという点から考えますと、自治体規模には大きく関係せず、1万人から最大でも3、4万人ぐらいまででしょう。

そのため、このイメージに基づきますと、人口が3万から4万人を超えるような自治体の場合、複数の都市機能誘導区域が設定されます。

都市機能誘導区域の設定状況

そこで実際に設定されている都市機能誘導区域の状況をみます。先に説明したように段階的に設定している自治体がみられます。たとえば、藤沢市は都市拠点6か所、地区拠点13か所、計19か所を設定しています。2040年の想定人口を19で割りますと、1か所あたりの人口は約2万2000人で、規模的には中学校区ぐらいです（藤沢市の中学校は19校）。また、弘前市は中心地区を1か所、地域拠点を12か所、学園地区を2か所、計15か所設定しています。3種類の都市機能誘導区域ですが、藤沢市と同じで、中心と地域の2段階で都市機能誘導区域を設定しています。同じように1か所あたりの人口を求めると約9500人で、細かく都市機能誘導区域を設定しています。このように2段階で都市機能誘導区域を設定している自治体が多くみられます。

また3段階にしている自治体もあります。たとえば、小城市は中心拠点1か所、地域拠点1か所、生活拠点2か所を設定しています。1か所あたりの人口は約1万人です。東近江市は中心拠点1か所、副次拠点1か所、地域拠点2か所、計4か所を設定しています。1か所あたりの人口は約2万5500人です。

これらの自治体は比較的細かく都市機能誘導区域を設定していますが、全国的にみるとそのような状況ではありません。都市機能誘導区域と居住誘導区域を同一にしている富山市、市街化区域のほぼ全域を都市機能誘導区域にしている八尾市、区域を区切らずかなり広域に指

定している小牧市、非常に細かく都市機能誘導区域を設定している鹿児島市、これら4市を除いた106市町が設定している都市機能誘導区域の箇所数をみたのが表4-3です。2か所が一番多く24.4%、次に多いのが1か所で17.9%、これら二つで4割を超えます。反対に6か所以上設定しているのは、全体の3分の1程度です。

さらに先ほどと同じように1か所あたりの人口をみたのが表4-4です。先に除いた4市以外に、人口ビジョンの予測値が読み取れない三条市も除き、105市町で作成しています。人口は2040年の値を使いました。これによりますと、中学校区程度までを想定して都市機能誘導区域を設定した自治体は29.5%です。気軽にアクセスできる限界はほぼ2万人程度までですが、そこまでの範囲で都市機能誘導区域を設定した自治体が29.5%です。反対に人口10万人以上という都市機能誘導区域が10自治体ありますが、これは先ほどのイメージですと中心拠点のみの設定と考えていいでしょう。6万人以上10万人未満の自治体が14ありますが、これも実質的には中心拠点のみの設定と考えていいでしょう。

表4-3 都市機能誘導区域の箇所数

	自治体数	割合(%)
1	19	17.9
2	26	24.4
3	13	12.3
4	9	8.5
5	4	3.8
6～9	20	18.9
10以上	15	14.2
計	106	100.0

出所：筆者作成

表4-4 都市機能誘導区域、1箇所あたりの人数

	自治体数	割合(%)	イメージ
1万未満	13	12.4	1小学校区程度
1万～2万	18	17.1	1中学校区程度
2万～4万	38	36.3	
4万～6万	12	11.4	
6万～10万	14	13.3	
10万以上	10	9.5	
計	105	100.0	

出所：筆者作成

都市機能誘導区域の中でも重視しているのは「中心拠点」

　人口規模の小さな自治体の場合、1か所の都市機能誘導区域になるかもしれません。このような都市機能誘導区域は、中心拠点と地域／生活拠点を兼ねていると考えられます。ある程度以上の人口規模の自治体ですと、普通は複数の都市機能誘導区域を設定するはずですが、そのようになっていない自治体もあります。

　たとえば、人口30万6000人の郡山市（2040年の想定人口、以下同様）は都市機能誘導区域を1か所しか設定していません。26万3000人の福島市、23万7000人の福井市、20万1000人の太田市も1か所しか設定していません。人口41万3000人の岡崎市は2か所の設定であり、1か所あたりの人数は20万6500人です。このなかには今後、別の都市機能誘導区域の設定を検討するとしている自治体もありますが、現状では大規模な中心拠点のみの設定です。立地適正化計画によって一極集中を進めるというのは誤解で、多極ネットワーク型を進めるものだと国土交通省は説明していましたが、これらの市は一極集中を進める計画だと言われても仕方がないでしょう。

　都市機能誘導区域の設定は自治体によってさまざまですが、中心拠点を設定していない自治体はありません。それに対して、地域／生活拠点を設定していない自治体はかなり存在します。これらの点をみますと、立地適正化の重点は、都市機能誘導区域の設定、中でも中心拠点の設定にあると考えられます。

4　なぜ都市機能誘導区域「中心拠点」の設定を重視するのか

居住誘導区域の誘導措置

　立地適正化計画は市街地再開発事業や土地区画整理事業のように事業を行うものではなく、予算措置、金融措置等を通じて、誘導する仕

組みです。

　まず居住誘導区域についてですが、国土交通省のウェブサイトには居住誘導区域向きの支援措置として、予算措置が六つ、金融措置が二つ示されています。これらは既存の事業等を居住誘導区域内で実施する場合、補助金支給要件を緩和したり金融上の支援措置を充実させたりするものです。たとえば、市民農園等整備事業を活用して農地を買い取る場合、通常ですと2500m^{2}以上の面積が必要ですが、居住誘導区域内ですと500m^{2}以上、さらに条件を満たせば300m^{2}以上で交付金の対象となります。また住宅金融支援機構の住宅ローンを組む場合、居住誘導区域内ですと、当初の5年間、金利が0.25％引き下げられます。

都市機能誘導区域の誘導措置

　都市機能誘導区域向けの支援措置としては、予算措置が15件、金融措置が六つ示されています。たとえば民間事業者が都市機能誘導区域内で都市機能誘導施設を建てる場合、固定資産税の減免が受けられたり、補助率がかさ上げられたりします。また一定の条件を満たす市街地再開発事業を都市機能誘導区域内で行う場合、交付対象額が引き上げられます。同じようにサービス付き高齢者向け住宅を都市機能誘導区域内に建てる場合、補助限度額が引き上げられます。

　金融措置も整えられています。たとえば都市機能誘導区域内で民間事業者が一定の要件を満たした開発事業を行う場合、民間都市開発推進機構が長期で安定的な資金を供給します。

中心市街地活性化から立地適正化を活用した中心部の開発へ

　支援措置ですが都市機能誘導区域内の支援措置の方が格段に揃っています。都市機能誘導区域、とりわけ中心拠点の設置を急いだ自治体の多くは、これらの支援措置を活用し、中心部の開発を少しでも進め

やすくしたいからです。

　バブル経済がはじけ都心部の開発が低迷しています。それを補うために中心市街地活性化が進められましたが、意図したほどの成果が上がっていません。そのような状況であるにもかかわらず、あいかわらず従来型の開発を進めたい自治体が存在します。そのような自治体が立地適正化計画に飛びついているとみていいでしょう。立地適正化計画を立てた自治体がすべてそのような意図をもっているとは言いませんが、人口減少があまり進まない自治体、都市機能誘導区域しか指定していない自治体、中心拠点を重視している自治体などは、このような自治体とみていいでしょう。

　興味深いのは、従来の開発ですと、過大な人口増加予測を行い、大規模な都市開発を進めるのが通例でした。ところが人口減少社会では、過大な人口減少予測を行い、必要以上に中心部への集中を進めようとしていることです。

5　公共施設の統廃合と立地適正化の関係

公共施設等総合管理計画の概要

　立地適正化計画と同じ時期に公共施設等総合管理計画が策定されています。公共施設等総合管理計画の詳細については別書で述べたため、ここでは簡単に説明しておきます。

　公共施設等総合管理計画は、政府が進めるインフラ長寿命化計画の自治体版です。しかし多くの自治体が策定した公共施設等総合管理計画は公共施設の統廃合計画になっています。公共施設面積の縮減目標を立てている自治体が多くみられますが、極端な場合、20年〜30年間に公共施設を3分の1から50％削減する計画になっています。このようなことを進めると市民生活に甚大な影響が出ます。

総務省の資料によると 2017 年 3 月 31 日時点で、全都道府県、全政令指定都市は公共施設等総合管理計画を策定済み、それ以外の市町村は、1689 市町村、98.1％ が策定済みです。

公共施設の統廃合と立地適正化計画
　北九州市は 2016 年 9 月に立地適正化計画を、2016 年 2 月に「公共施設マネジメント実行計画」（公共施設等総合管理計画のこと）を策定しています。北九州市はこれら両計画の関係性を重視しています。
　北九州市は今後 40 年間で公共施設を 24.2％ 削減するとしています。その進め方の一つとして、地域に分散している公共施設を集約化、複合化し、その過程で面積を削減するとしています。たとえば、門司港地域には市民会館、生涯学習センター、勤労青少年ホーム、図書館、区役所庁舎などが中心市街地の周辺に点在しています。そこで新たな複合公共施設を中心部に建設し、これらの施設を集約し、同時に面積も削減するとしています（表 4 - 5）。現在の総面積は 2 万 900m^2、集約する複合公共施設の面積は 1 万 4000m^2 です。中心部に集約することで利便性も高まり、賑わいも創出できるとしています。同じように大里地域でも、体育館、柔剣道場、勤労婦人センター、プールを複合公共施設に集約するとしています。
　門司港地域の場合、複合公共施設を建設する候補地が 2 か所あり、まだ確定していません。すでに門司港駅周辺を都市機能誘導区域に指定していますが、「今後、集約先の場所及び区域等が決定した後に、都市機能誘導区域の範囲の変更を検討」するとしています。大里地域についても「規模と機能の検討作業後に都市機能誘導区域の範囲を検討」するとしています。
　新たな公共施設を都市機能誘導区域内に、集約、複合化する場合、先にみたさまざまな支援措置が活用できます。また、周辺部に分散して

表4-5 北九州市の公共施設集約化計画（門司港地区）

現況施設		現　状	将来計画	主な理由
市民利用施設		8,500m²	3,600m²	・会議室等の規模・数を利用実態に合わせることにより面積を縮減 ・「ホール」の多機能化により、面積を縮減
	門司市民会館	3,700m²		
	門司生涯学習センター	3,000m²		
	門司勤労青少年ホーム	1,800m²		
図書館		1,800m²	1,600m²	・閲覧室を拡充 ・施設の集約化、同一フロアへの集約面積を縮減
	門司図書館	1,000m²		
	国際友好記念図書館	800m²		
門司区役所庁舎		7,100m²	6,800m²	・区役所機能の集約により共用部分の面積を縮減
港湾空港局庁舎		3,500m²	2,000m²	・会議室の共用利用により縮減
計		20,900m²	14,000m²	

出所：「北九州市公共施設マネジメント実行計画」から転載

いる公共施設を、都心部に再整備することで、都心部の活性化を進めようとしています。

　水戸市は2017年3月に「水戸市立地適正化計画」を策定しています。このなかで都市像を実現するための三つの基本方針を定めています。そのうちの一つが「公共施設の集約・複合化や効率的配置による持続可能な都市の実現」です。具体的には「水戸市公共施設等総合管理計画と連携しながら、都市機能誘導区域及び居住誘導区域を踏まえた公共施設の集約・複合化や効率的な配置を進める」としています。

　立地適正化計画は都市機能誘導区域を設定した段階、公共施設等総合管理計画は公共施設の縮減目標を決めた段階です。今後、その具体化が検討されると思いますが、その際、両計画が連動し、公共施設の中心部への集約化と公共施設面積の縮減が、都市機能誘導区域に用意されたさまざまな優遇措置を使って進みそうです。そして公共施設の

集約を起爆剤とした中心部の開発が具体化されそうです。注意しておく必要があります。

参考文献
1 立地適正化計画については国土交通省のウェブサイト内にある「立地適正化計画制度」を参照。特に参考にしたのは以下の文献です。
・国土交通省「改正都市再生特別措置法等について」2015 年 3 月
・国土交通省「立地適正化計画作成の手引き」2017 年 4 月改定
・国土交通省「立地適正化計画の作成に係る Q&A」2016 年 2 月改正
・国土交通省「立地適正化に係わる予算・金融上の支援措置」2017 年 5 月時点
2 上記、国土交通省のウェブサイト内で示されている「立地適正化計画作成の取組状況」を参考にし、2017 年 5 月 12 日時点で立地適正化計画が策定され、その内容がウェブサイト上で確認できた 110 市町を対象に分析しました。
3 連携中枢都市圏については、総務省のウェブサイト内にある「連携中枢都市圏構想」を参照。連携中枢都市圏の評価については、拙著『人口減少と地域の再編』自治体研究社、2016 年 5 月を参照。
4 大都市圏及び地方圏の分類については「国土形成計画」(2015 年 8 月) に準じています。
5 公共施設等総合管理計画については、総務省のウェブサイト「公共施設等総合管理計画」を参照。公共施設等総合管理計画に対する評価は、拙著『人口減少と公共施設の展望』自治体研究社、2017 年 2 月を参照。
6 北九州市「北九州市公共施設マネジメント実行計画」2016 年 2 月、「北九州市立地適正化計画」2016 年 9 月
7 水戸市「立地適正化計画」2017 年 3 月

5章　人口減少時代におけるまちづくりのあり方

　2章から4章までで、現在の地域の状況を見てきました。開発計画が乱立しているような状況ですが、同じような状況が1990年代にもありました。5章では1990年代と比較しながら、今の全般的な特徴をとらえます。その上で、人口減少時代にはどのような開発・まちづくりが必要か、特にコンパクト化を中心に考えます。

1　再び開発路線に舵を切った自治体

1990年代の再来
　1章で見たようにアベノミクスの下で、公共事業予算が増加に転じました。政府は地方創生をスタートさせ、自治体が進める開発を財源、規制緩和の両面で支援しだしています。
　自治体レベルでその具体的な動きを見たのが2章から4章です。2章で見たように、リニア中央新幹線や長崎新幹線、北陸新幹線で設置される新駅のおおよそ半分で、かなり大規模な開発計画が策定されています。また、3章で見ましたが、国内消費の低迷を、訪日外国人の消費拡大で補う考え方が強まっています。そのために外国人を誘致する施設を整備しなければならないとし、MICE施設の整備競争が生じています。さらに、4章で見ましたが、コンパクトシティを進めると言いつつ、実際は中心部の開発に力点を置いている自治体が多くなっています。
　21世紀に入って大都市圏を除きますと大型公共事業はやや低迷して

いましたが、アベノミクスの下で、開発計画を立案、実施する自治体が増え出しています。1990年代には、バブル経済が崩壊し民間による先行的な投資が難しくなったこと、日米構造協議で日本の内需拡大が迫られたこと、当時は国家財政、自治体財政が比較的健全だったこと、これらの理由で大型公共事業の暴走とも言える事態が生じました。

　最近の自治体の動きを見ますと、このような1990年代の再来ではないかと思います。

開発のキーワード、その1「コンパクト」
　自治体が現在進めている政策の大半は、人口減少に対応するためです。急増している開発計画も同じです。普通に考えますと、人口が減少するなら開発は下火になりそうですが、実際の動きはそれと反対です。なぜ「人口減少→大規模開発」という奇妙なことが生じているのでしょうか。

　最近進み出した開発のキーワードは、コンパクトとインバウンドです。4章で見ましたが、コンパクトというと、人口減少に伴って市街地を縮めることだと思われがちです。そのような内容であれば、大規模な開発は生じません。ところが多くの自治体が進めようとしているコンパクトとは、都心部に商業施設や公共施設を集約することです。

　20世紀は人口が増え、自動車利用が一般的になったため、商業施設や公共施設の郊外立地が進みました。今後人口が減り、高齢者が増えるにもかかわらず、それらの施設が拡散したままですと、施設が利用しにくくなります。そこで中心部にそのような施設を集約させ、市民もできるだけ中心部で住むべきだというのです。そして規制緩和や公共事業を都心部で進め、民間施設を都心部へ誘導しようとしています。また公共施設についても統廃合を進め、新たな施設を都心部に建設しようとしています。このように人口減少とともに、各種施設を都心部

に集約する計画をコンパクトとし、大規模な開発が都心部で計画されています。

もう一つのキーワード、その2「インバウンド」

　自治体が示しているもう一つのストーリーはおおよそ以下のような感じです。このままですと「人口減少→消費の低下→地域経済の低迷」が生じます。そこで「開発→地域外の客を呼び込む→消費の拡大→地域経済の活性化」を実現しようというわけです。

　特にリニアや新幹線の新駅が設置される駅周辺はそのような傾向が顕著です。なかには開発を通じて客だけでなく人口増加を計画している自治体もあります。2章で見た大村市は、新幹線新駅ができれば、空港、インターチェンジ、新幹線という三種の神器が揃う。まさに「人口増加の実現に向けた千載一遇のチャンス」ととらえ、新駅周辺で大規模な開発を進め、人口を増やそうとしています。ただし、大村市民が子どもを産み、その結果、人口が増えるのではなく、周辺に住んでいる若者たちの転入によって人口を増やす計画です。

　日本全体で人口が減るため、市外からのお客さんに期待するだけではじり貧になります。そこで人口が増え続けるアジアをターゲットとし、訪日外国人を増やし、その人々の消費に期待しだしています。これがインバウンドです。そのために海外から観光客を呼んでこなければなりません。なかでも一人あたり消費額の大きい国際会議参加者などを増やそうとしているのがMICE計画です。3章で見た長崎市は「MICEにより、国内外の多くの人たちを呼び込み、交流人口の拡大と地域経済の活性化を図る」としています。

　人口減少とともに大規模な開発は減りそうですが、むしろ人口減少を乗り切るため、大規模な開発計画が増えだしています。

過大な人口減少予測で開発に拍車

　しかも過大な人口減少率予測に基づいて開発を急ごうとしています。市町村は人口ビジョンを作成し、総合戦略を立てています。その理由は、このまま人口が減り、社人研予測に沿って地域の人口が減ると大変なことになるからです。それを防ぎ、人口減少率を穏やかにしつつ、人口減少の弊害を少しでも少なくするためです。市町村の指針となったのが国の作成した長期ビジョンですが、それによりますと、社人研の予測では100年後に4000万人台まで人口が減るのに対して、今世紀後半には人口が9000万人台で安定することを目安としています。

　ところがこの間、市町村が策定している人口減少への対応、たとえば4章で見た立地適正化計画や公共施設等総合管理計画の前提は、社人研の予測です。この原因は政府が社人研予測を使えと指示しているからですが、これは明らかにおかしなことです。社人研の予測になると大変だから、政府から自治体まで総力を挙げて地方創生に取り組もうとしたはずです。

　市町村は、自らが作成した人口ビジョンよりも大きな人口減少率に基づいて、開発を進めようとしています。これだけ人口が減るから早く開発しなければ大変なことになると危機感をあおっているわけです。この場合、人口減少率が大きければ大きいほど、危機感が増幅され、開発に拍車がかかります。

破綻したコンパクトシティ

　はたしてこのような開発は成功するのでしょうか。青森市は全国でもっとも早くコンパクトシティの取り組みを始めました。内容的には大きく二つです。一つは都市構造をコンパクトにすることです。市内をインナー（中心市街地とその周辺）、ミッド（インナーとアウターの間で低層住宅地）、アウター（郊外）の3地域に分け、インナーは都市

整備を重点的に進める地域、ミッドは無秩序な開発を規制しつつ良質な宅地を供給する地域、アウターは原則として開発をしない地域としました。そして高齢者のインナーへの転居を推進しました。

もう一つは中心市街地の活性化です。その中心が青森駅前に整備した複合施設「アウガ」です。市街地再開発事業で整備された再開発ビルで、総事業費185億円です。地下1階、地上9階、延べ床面積5万4505m²、地下は市場、1～4階は商業施設、5、6階は青森市男女共同参画プラザ、6～9階は青森市民図書館が入っています。開業当初は順調でしたが、次第に売り上げが落ち、アウガを運営する第三セクターは債務超過状態となりました。すでに商業施設は閉鎖され（2017年2月）、全館、公共施設に変えることが検討されています。

秋田市もコンパクトなまちを目指して中心部の開発を次々と進めました。秋田市はJR秋田駅の主として西側を中心市街地とし、そこに公共施設、商業施設の集約を進めようとしました。その中心は中道一丁目地区と秋田駅前北第一地区の市街地再開発事業です。前者は、商業施設、美術館、住宅等で、総事業費135億円、延床面積4万1665m²です。ところがこれらは必ずしも順調には進みませんでした。前者については、2012年7月に商業施設がオープンしたものの、2014年3月に閉店し、その後新たな商業施設が開業しています。また当初の予定区域は2.9haでしたが、事業化された区域は1.7haで、それ以外については未定です。

後者については、1989年に事業計画が認可されているものの、いまだ事業化は進んでいません。JR秋田駅に面した地区で、計画の見直し、事業者募集もしてきましたが事業化できず、2017年に策定された秋田市中心市街地活性化アクションプランに再び計画として位置づけられています。

一方、1980年秋田駅前南地区市街地再開発事業（北第一地区の南

側）で開店したイトーヨーカ堂が2010年に閉店し、フォンテAKITAとして再オープンしています。

開発は成功するのか

　1990年代は過大な人口増加予測、需要予測に基づき、過大な公共事業を展開しました。都市間競争にあおられ、市町村は大規模な開発にのめり込みました。しかし実際にそのような需要は存在せず、多くの開発は破綻しました。

　今回は、自治体消滅論に端を発し、過大な人口減少予測を立て、それに基づいて過大な公共施設の統廃合、コンパクト化、都心部の開発を進めようとしています。

　今回の計画も地域の需要に基づいた計画ではなく、観光客や企業を呼び込み、その消費に期待する計画です。一方、1990年代とは異なり、人口が減少し始め、高齢化が急速に進み、開発を巡る状況はさらに厳しくなっています。そのため成功する確率は、1990年代よりさらに低いでしょう。

　都心部を開発しても需要が増えるわけではありません。予定したほど呼び込みが進まなければ事業は破綻します。困ったことに事業の成立は、周辺から消費を奪ったことを意味します。消費を奪われた周辺部や周辺市は、地域の衰退が一気に進みます。その典型がカジノです。カジノは広範な人々の掛け金で成り立ちます。もともと地域で消費していたお金がカジノに吸い上げられますと、その地域の消費は落ち込みます。

　周辺から呼び込む開発計画を隣り合う駅ごとに作成しても、成功するはずがありません。隣市の市民を呼び込めても、自分の市民が隣市の造った施設に行きます。隣同士の自治体が市民の取り合いをするほど無駄な投資はありませんし、そのような開発が成功するとは思えま

せん。

　海外からの観光客を呼び込もうとしている計画はもっと大変です。競争相手は海外に広がります。大規模なMICE施設を日本のあちらこちらに造っても、それを満たすだけの需要があるとは考えられません。まさに、コンパクトとインバウンドの暴走と言うべき事態が生じだしています。

財源は市民サービスの削減

　このような開発の財源ですが、1990年代は起債（自治体の借金）に求めました。当時の予定では、「起債で財源を確保→開発→地域経済の活性化→税収の増大→起債の償還（返済）」となるはずでした。しかし、開発そのものが破綻したり、開発は進んだものの予定したほど地域経済の活性化が進みませんでした。その結果、税収は当初のもくろみほど増えず、財政が悪化しました。そして市民向け予算の削減、市民サービスの削減へと進みました。

　今回は、起債に求めることが困難です。1990年代とは異なり、国も自治体も財政状況が悪いからです。そのため、最初から市民向け予算の削減、行政改革（アウトソーシング）で開発に係わる予算を確保しようとしています。行政改革は行政が担っていたサービスを民間に委ねることで、人件費を削減することが狙いです。

表5-1　1990年代と現在の比較

	1990年代	現在
背　景	都市間競争	自治体消滅
理　由	過大な人口増加予測	過大な人口減少予測
開発内容	都市再開発	コンパクト
	工業団地	インバウンド
財　源	起債	市民向け予算の削減

出所：筆者作成

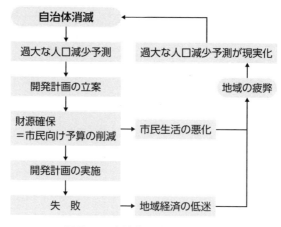

図5-1 自治体消滅のサイクル
出所：筆者作成

　1990年代は、「起債→開発→財政危機→市民向け予算の削減」という形で市民生活に影響が出ましたが、今回は、「市民向け予算の削減→開発」と進むため、影響が直接的です。しかも、開発を進める前から市民向け予算の削減が起こります。また、公共施設の統廃合を進めるため、直接、市民生活に悪影響が出ます（表5-1）。

暴走の行き着く先、自治体消滅

　1990年代の大規模開発もあちらこちらで失敗しましたが、今回の開発が失敗した場合、1990年代とは違った影響をもたらします。過大な人口減少予測を下に、中心部の開発を進めるのは、二つの大きな悪影響をもたらします。一つめは、そのような開発の大半はうまく進まず、地域経済は活性化されません。二つめは、市民向け予算の削減で市民生活が確実に悪化するということです。その結果、地域が住みにくくなり、過大な人口減少予測が、現実のものになります（図5-1）。

　自治体消滅を大規模開発で乗り越えるという発想は、想定以上の人

口減少を引き起こし、自治体消滅を現実のものとしかねません。これは人口が増えていた1990年代にはなかった現象で、暴走が地域を滅ぼすといっていいでしょう。

2　地域の活性化をどう進めるべきか

そもそも地域経済がなぜ衰退しているのか

　地域経済が衰退している最大の理由は個人消費の低迷です。日本経済全体で個人消費の占める割合は約6割です。この個人消費が上向かない限り、地域経済はもちろんですが、日本経済そのものが回復しません。

　個人消費が低迷している理由ですが、まず一つめは所得が増えていないことです。これは収入が減っていること、非正規労働が増えていることによります。もう一つは将来に不安があり、消費を控えているからです。

　地域経済にとって、もう一つ大きな問題は東京一極集中です。2020年の東京オリンピックに向け、巨大なインフラ投資が東京で進んでいます。また、国家戦略特区などで規制緩和を進めているため、民間投資が集中しています。そのため、地方から東京へという若者たちの流れが止まっていません。この状況を放置したままで、地方の活性化を進めるのは困難です。

　これらの問題が解決に向かわない状況で、都心部の開発を進めても消費は回復しません。地元でお金を使うところがないから消費が低迷しているのではないからです。また東京に流れている若者たちを、地方にとどめるような都心部の開発は不可能です。

地域経済活性化を進める基本方向

　地域経済が低迷しているのが先の理由であれば、それの解決に向かわなければなりません。そのために必要なことは以下の三点です。まず一点目は、所得の向上、雇用の安定に繋がるできる限りの取り組を行うことです。たとえば自治体が独自にブラック企業規制条例を作れば、残業代の未払い、違法な長時間労働を地域で規制できます。二点目は、社会保障や教育施策を充実させ、将来の不安を少しでも解消させるべきです。三点目は、雇用の大半を引き受けている中小企業政策を積極的に展開し、中小企業の収益を安定させることです。四点目は、自治体が可能な限り雇用を作り出すことです。民営化で人件費の削減などを進めるのは論外です。

　これらは独立したものではありません。社会保障の予算を重点化すれば、そこで雇用が増やせるなど、相互に関連しています。

　もちろんブラック企業の規制などは国が行うべきものであり、自治体ができることは限られています。しかし、無理と決めてしまうとなにもできません。可能な施策を展開すること、自治体が連携して国に政策変更を求めることが重要です。

東京一極集中を是正する政策

　国際化が進むと国際的な都市にすべてが集中すると考えがちです。しかしそうではありません。図5-2を見てください。これは先進国の首都（それに類する都市）への集中度を見たものです。この60年間、東京は集中し続けていますが、パリはほぼ横ばい、ニューヨーク、ベルリンは低下しています。これらの都市の国際化が東京に劣っているとは思えません。首都圏への一極集中は普遍的な出来事ではなく、むしろ東京が例外と考えるべきです。

　東京一極集中が生じているのは、一極集中を進めるような政策を展

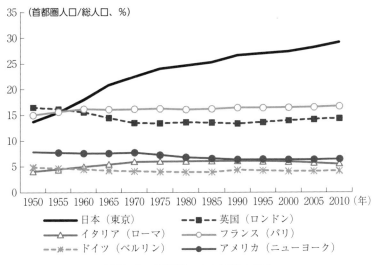

図 5-2 首都圏への人口集中割合
出所：国土交通省「国土のグランデザイン 2050 参考資料」より転載

開しているからに他なりません。たとえば、東京オリンピックの開催費は 1 兆 3850 億円（2017 年 5 月 31 日合意時点）です。築地市場の豊洲移転費用ですが、すでに 6000 億円を超えていると指摘されています。それに対して、鳥取県の 2017 年度当初予算（一般会計）は 3494 億円です。

　このような予算の使い方をしている限り、東京一極集中は止まらないでしょう。地方創生を無条件に肯定しませんが、地方に予算を重点配分し、地方で雇用を増やすべきです。

地域資源を生かした地域経済の活性化

　地方に予算を重点配分すべきですが、20 世紀のような公共事業予算の重点配分ではだめです。公共事業で一時的な雇用を確保しても持続性がなく、若者にとって魅力ある仕事とも言えません。

そうではなく、最近各地で取り組まれている地域資源を生かした経済活性化を支援するような予算が重要です。たとえば、第一次産業やそれに関連する加工業、再生可能エネルギー、観光などです。また福祉を充実させ、そこで雇用を増やすような取り組みも重要です。

日本の農山村は食料、エネルギー、観光供給源として優れた特性をもっています。地形が複雑で、南北に長く、さまざまな気候帯に属し、雨が多い国土です。そのため国土面積は広くありませんが、さまざまな野菜が季節に応じてとれます。また、一山越えると採れる野菜が変わります。大陸で展開されている大規模農業にはその良さがありますが、日本の農業は国土の特性に合ったいい形態だと思います。このような農業を維持し、それで生活できるようになれば、日本の農業は優れた産業になるでしょう。

日本は雨が多く、地形の凹凸も多く、風の強い国です。海岸線は長く、火山も有り、再生可能エネルギーの宝庫です。このような可能性を生かせば、原子力発電はもちろんですが、化石燃料に頼った発電に依存しなくてすみます。

地方の活性化を都心部の開発から進めようとしています。中心部が活性化することで、周辺の小都市や農山村にも効果が波及するという考えです。もともと地方中心都市は、その都市に住む人だけでなく、周辺都市や農山村に住む人の消費で支えられていました。地方の活性化は、中心都市を優先させるのでなく、農山村や小都市の活性化を同時に進めない限り、進まないでしょう。農山村や小都市が地方中心都市を支えるような視点が重要です。

3　地域の需要に基づいたまちづくりを進めるべき

防災を除き、新たな大規模開発を急ぐ必要はない

　東南海沖地震が発生した場合、津波到達までにほとんど避難する時間がないような一部地域では、高台移転も一つの選択肢になります。このような地域では、市民的な議論を踏まえつつ、速やかに今後のあり方を検討すべきです。

　人口が減る時代、防災を除けば大規模な開発を急ぐ必要はありません。日本の消費が低迷しているのは大規模なインフラや中心部の開発が不足しているからではありません。さきほど見たように消費不況に原因があります。財政的にも厳しいため、限られた予算は根本的な問題解決に充て、インフラ予算は維持管理を基本にすべきです。

地域の需要を基本とした計画

　2章で見たように、リニアや新幹線新駅の半数程度で大規模な開発が計画されています。それらは現在の駅の利用者だけでなく、リニアや新幹線を使って広域、場合によっては海外から集客することを想定しています。しかしそのような開発が成功する保障はありません。

　人口が減少する時代は、地域の需要に基づいた計画にすべきです。そうすると大規模な開発計画にはなりません。人口が減るから学校等を統廃合するといいつつ、大型公共事業は周辺から呼び込むことを前提にしています。ダブルスタンダードでおかしいと思います。人口減少で公共施設を統廃合するなら、大規模開発もやめるべきです。呼び込み型の大規模開発を進めるなら、それによってファミリー層も増えるので、学校の統廃合もやめるべきです。

　新駅が中心部から離れたところにできる場合は、アクセス整備等必

要最小限にとどめ、周辺の開発規制を厳しくすべきです。人口が減少する時代、投資が分散すると効率的ではありません。できるだけ投資は中心部に集中させるべきです。なかには新駅周辺を開発し、その開発効果を中心部に波及させるという説明も見られます。図面上では新駅周辺から中心部に向けて矢印が書かれていますが、そんな適当な考え方では間違いなく失敗します。人口減少が収まり、消費が回復すれば、その時点で開発を進めたらいいでしょう。そのためにも現時点では開発規制を厳しくすべきです。

　新駅の効果を受け止めようとするのはいいと思いますが、駅周辺だけでなく、地域全体で受け止めるようにすべきです。便利になると大都市圏からの利用者が増えるかもしれませんが、大都市のミニ版的な開発をしても長続きしません。その地域の資源を生かし、その地域にしかない魅力を生かすべきです。そのためには駅周辺を大規模に開発するのではなく、広域で客を受け止めるような仕組みを作るべきです。

海外の需要に期待するのは避けるべき

　3章で見たMICEも地元企業などの需要を基本に考えるべきで、自治体が整備するMICE施設は地元型施設にすべきです。そのような視点に立てば、新たなMICE施設整備はほとんど不要です。現在の施設を適切に管理し、必要な範囲で改修すればいいでしょう。もちろん国際的視点が不要というのではありません。また、一切の新設がダメというわけではありません。

　たとえば大田区は1996年に大田区産業プラザPiOを開設しました。この施設は条例に明記されているように、地元企業の振興につくられたものです。施設としては、展示場、コンベンションホール、会議室などからなりますが、最も大きな展示場が$1600m^2$で、会議室も規模の小さな部屋が用意されています。

国際型施設が不要だというのではありません。ただし国際型施設を自治体に整備せよというのが間違っています。そうすると自治体間の競争になり、過大な施設整備競争になります。国際型施設が新たに必要であれば、国の責任で整備すべきです。

4　コンパクト化が必要な自治体は一部

コンパクト化計画の3類型

　4章で見た立地適正化計画の趣旨は、人口減少とともに市街地を縮小することにあります。図4-1で見たように、市街化区域内に居住誘導区域を定め、将来的には居住地を縮小する考えです。このように市街地を縮めようとするコンパクト化をどう考えるかが、まちづくりでは重要です。

　国土交通省は、居住誘導区域に望ましい区域と居住誘導区域に含めない区域を示しています（66頁）。ただし、工業系の用途地域は望ましくないとしていますが、具体的に居住誘導区域に含めるかどうかは自治体が判断します。同じように公共交通などが利用しやすい区域は望ましいと考えていますが、どのような状態であれば利用しやすいと考えるかは自治体の判断によります。

　4章では110市町の立地適正化計画を分析しましたが、5章では110市町の内、市街化区域の面積と指定した居住誘導区域の面積が、立地適正化計画から読み取れた44市町を対象に分析します。

　この44市町は、居住誘導区域設定方法から三つに分けられます（図5-3）。まず一つめは（A）、市街化区域から、居住誘導区域に望ましくない区域を引いて、居住誘導区域を定めた自治体です。望ましくない区域の設定は自治体によって異なりますが、一般的には土砂災害警戒区域、津波災害特別計画区域、工業専用地域等です。また規模の大

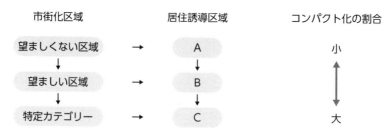

図5-3 コンパクト化計画の3類型
出所：筆者作成

きな公園、教育施設、インターチェンジ、生産緑地などを望ましくない区域に含めている自治体もあります。

二つめは（B）、望ましくない区域（A）のなかで、一定の基準に該当する区域（望ましい区域）を、居住誘導区域にした自治体です。普通は（A）よりも区域面積が狭くなります。たとえば鉄道の駅から800メートル以内の区域や、人口密度が40人/ha以上の区域などです。

三つめは（C）、（B）と同じように将来的に居住地としてふさわしい地域を求めた上で、それをいくつかのカテゴリーに分け、そのうち特定のカテゴリーだけを居住誘導区域にした自治体です。たとえば札幌市は住宅地を、複合型高度利用市街地、一般住宅地、郊外住宅地の3カテゴリーに分けていますが、居住誘導区域としたのは最初の複合型高度利用市街地だけです。

三つの類型に分けた場合、一番コンパクト化の割合（章末参照）が高くなる、つまり市街地を大きく縮小するのはCです。そしてコンパクト化の割合が一番低くなる、つまりあまり市街地を縮小しないのがA。その中間がBになります。

コンパクト化計画の現状

44市町を三つに分類したのが表5-2です。Aが18、Bが17、Cが

5です。Aのコンパクト化の割合は平均で−17.9%、Bは−38.4%、Cは−56%です。全体の平均は−30.5%で、居住誘導区域は市街化区域の約7割ということです。不明というのは具体的な居住誘導区域の設定方法が読み取れなかった自治体です。

44市町のコンパクト化の割合を見たのが表5−3です。−10%以下が7自治体、すべてAです。−10%から−20%は8自治体（不明を除くと6自治体）で、Aが5つです。−20%〜−30%が10自治体で一番多くなっています。次に多いのが−40%〜−50%で9自治体です。この−20%〜−50%の間はBが一番多くなっています。そして−50%以上、つまり居住誘導区域が市街化区域の50%以下にしている自治体が五つあります。そのうち三つはCです。

人口減少率とコンパクト化の関係

4章で見た将来人口予測ですが、社人研の予測で19.2%の減少、人口ビジョンでは10.4%の減少でした。それと比べるとさきに見たコンパクト化の割合が高すぎます。もちろんCに属する計画の場合、表5−2の数値が、実際の縮小率にはなりません。しかしその点を割り引いても、人口減少率に対して、コンパクト化の割合

表5−2 コンパクト化の割合

（平均：%）

A	−17.9
B	−38.4
C	−56.0
不　明	−21.7
全　体	−30.5

出所：筆者作成

表5−3 コンパクト化の割合(自治体数)

	0〜−10	−10〜−20	−20〜−30	−30〜−40	−40〜−50	−50以上	計
A	7	5	3	1	2	0	18
B	0	1	6	3	5	2	17
C	0	0	0	0	2	3	5
不　明	0	2	1	1	0	0	4
計	7	8	10	5	9	5	44

出所：筆者作成

表5-4 人口減少率とコンパクト化の関係

	~-10	-10~0	0~10	10~20	20~30	30~40	40~50	50以上	計
A	3	5	3	2	3	0	1	1	18
B	0	2	2	3	2	5	1	2	17
C	0	0	0	0	0	2	2	1	5
不明	0	1	1	1	1	0	0	0	4
計	3	8	6	6	6	7	4	4	44

出所：筆者作成

が高すぎます。人口ビジョンによる人口減少率が約10%、社人研による人口減少率が約20%、コンパクト化の割合が約30%となっています。市街地を縮めすぎです。

そこで人口ビジョンによる人口減少率とコンパクト化の割合を比較します。たとえば、人口減少率が-10%、コンパクト化の割合が-25%であれば、差し引き15%となり、コンパクト化の割合が人口減少率よりも15%大きいとなります。44市町でこの値を見たのが表5-4です。0%より小さい自治体（人口減少率の方が高い自治体）は11で、そのうち8がAです。残り36はコンパクト化の割合の方が高い自治体ですが、そのうち50%以上も高い自治体が四つ、30%より高い自治体が15で、どう考えてもコンパクト化の割合が高すぎます。

なぜコンパクト化の割合が高いのか

Cで設定した居住誘導区域は、その区域だけに縮めるのではありません。それに対してBの居住誘導区域は、基本的にその区域に居住地を縮めるものです。コンパクト化の割合の平均は38.4%なので、この通り居住地が縮むと市街地は現在の3分の2程度になります。人口ビジョンによる人口減少率は10.4%、立地適正化で採用している社人研予測でも19.2%なので、コンパクト化の割合が大きすぎます。もちろん居住誘導区域外で生活してもいいですが、それを前提にすると居住

誘導区域を設定する意味がなくなります。

　Bに分類される市町は17ですが、コンパクト化の割合にはかなりの差があります。自治体の設定した居住地として望ましい状態が異なるからです。大半の自治体は、交通機関からの距離、区画整理などが実施された地域、人口密度を指標に居住誘導区域を決めています。Bの自治体のなかで土浦市、鳩山町、高梁市、久留米市はコンパクト化の割合が20%前後で、さほど高くありません。土浦市は人口密度、交通機関からの距離、サービス施設からの距離、基盤整備実施済みのどれかを満たせばいいとしています。高梁市は他の自治体が入れていない小学校からの距離、久留米市は市役所・支所からの距離を入れるなど、他市よりも、望ましい地域の基準を広くしています。

　逆に富山市、関市、熊本市などはコンパクト化の割合が40%を越えています。これらの自治体に共通しているのは、望ましい基準がかなり厳しいことです。他の自治体は鉄道駅からの距離を800メートルもしくは1000メートルにしていますが、これらの自治体は500メートルにしています。

市街地の縮小ではなく望ましくない区域からの移転が重要

　さきに見たようにAは、市街化区域から居住地として望ましくない区域を除外して居住誘導区域を定めた自治体です。Aによるコンパクト化の割合は平均で17.9%、最小は吹田市の0%、40%を越えているのが東海市と湖南市です。吹田市の人口ビジョンでは人口減少率が7%なので、いわゆるコンパクト化はそもそも必要ないでしょう。東海市と湖南市の数値が大きいのは、工業専用地域や工業地域が大きく、そこを除外したからです。

　国土交通省が示しているように、防災的に危険な区域が居住地として望ましくないのは当たり前です。むしろこのような地域を居住地と

したことが問題です。工業専用地域に住宅はないはずですが、工業地域には住宅が建ちます。しかし、住環境として望ましくないところもあり、そのような地域は居住誘導地域から除外すべきでしょう。

このような地域で暮らしている方の割合は自治体によって異なりますが、おおよそ5％～10％程度ではないかと思います。44市町の内、人口減少率が10％以下の自治体が18、40.1％あります（人口ビジョンの数値）。このような自治体は、居住地として望ましくない地域のみを市街化区域から除外して居住誘導区域とすべきです。その地域で暮らしている方が居住誘導区域に移転すれば、居住誘導区域の人口は現在の市街化区域内人口とほとんど変わらないため、いわゆる市街地を縮めるようなコンパクト化は不要です。

大半の自治体で市街地の縮小は不要

コンパクト化と人口減少率の関係をもう少し詳しく見ます。人口減少とともにコンパクト化を進めるとしていますが、その大きな理由は人口密度を一定以上に保つことです。これができれば公共交通の維持も可能であり、商業施設の立地も見込めます。

この人口密度の下限をどのように設定するかですが、立地適正化では40人/haとしているところが多くなっています。この40人という根拠は、日本の人口集中地区が人口密度40人/haにしているからです。この40人が適切かどうかという議論もありますが、ここではこの数値を基本に考えます。

2015年時点で市街化区域内の人口密度が40人/haを下回っている自治体が四つ、2040年に40人/haを下回る自治体が10です。このような自治体はコンパクト化を図らなければならないのでしょうか。

さきに見たようにAの自治体が、居住するのに望ましくない区域と指定した面積は、平均で市街化区域の17.9％です。この区域は本来

居住する区域から除くべきであり、人口密度を計算する場合も除外し、居住誘導区域の面積を分母にすべきです。そうすると人口密度の分母になる面積は現在の市街化区域よりも約18%減ります。

　一方、望ましくない区域に住む人の割合はわかりませんが、さきほど同じように5〜10%だとした場合、この人たちは居住誘導区域内に転居するように誘導すべきです。そうすると人口減少率が25%程度までであれば、居住誘導区域内の人口密度は、現在の市街化区域内の人口密度とほぼ同じです。44市町のなかで人口減少率が25%を越えているのは一つだけです。しかし、その自治体の現在の人口密度は71人/haであり、人口ビジョンの数値通り人口が減少しても人口密度が40人を切ることはありません。ちなみに市街化調整区域から居住誘導区域への移転は想定しません。

　仮に望ましい人口密度を40人/haだとしても、市街化区域をかなり大きくとっており、現時点で人口密度がかなり低くなっている一部の自治体を除いて、いわゆる市街地を縮めるようなコンパクト化は不要です。コンパクト化を計画するよりも、子育て支援を充実させ、人口ビジョンを実現する方が遙かに重要です。その実現は市民にとって重要ですし、それが実現できればいわゆる市街地を縮めるようなコンパクト化は不要です。

居住誘導区域外からの転居を支援する施策が重要
　4章で見ましたが、立地適正化は誘導する施策です。主な誘導は、居住誘導危機への誘導と都市機能誘導区域への誘導です。しかし4章で見たように、後者の誘導措置は具体的ですが、前者の誘導措置は整えられていません。

　先に見たように人口が減少する時代、都心部での大規模な開発はほとんど不要です。それよりも、望ましくない地域で暮らしている人々

が、安心して居住誘導区域に移転できるような措置の方が重要です。その措置に予算を振り替えるべきです。

現状を前提とした評価よりも、現状を改善する視点が重要

　さきに見たように、Bの自治体で望ましい地域の基準を厳しくすれば、コンパクト化の割合が大きくなります。一見すると、基準が厳しいため望ましいように見えますが、そのぶん、市街地を大きく縮めることになります。

　長野市はAに属します。長野市の2010年の市街化区域内人口密度は48.2人/ha、それが目標年である2035年には40.2人/haになるとしています。人口減少率に社人研予測値を使っていること、人口密度を市街化区域面積にしていることなどは問題ですが、その点は横に置きます。

　長野市は市街化区域から土砂災害警戒区域、工業専用地域など、望ましくない地域を除き、残りの地域を居住誘導区域にしました。居住誘導区域は市街化区域の91.3%です。B自治体のように望ましい地域かどうかの評価を行っていないため、交通機関を使うのに不便な地域が、居住誘導区域に含まれているかもしれません。

　B自治体は現在の交通機関を下に望ましい地域かどうかを評価しています。そして現在利便性の低い地域は居住誘導区域から外しています。確かに鉄道などは簡単に通せません。しかし、バスの場合は路線を拡充することが可能です。そこで長野市は、居住誘導区域を定めた上で、居住誘導区域内の公共交通網を拡充し、利便性の改善を進め居住地にふさわしい地域にするとしています。

　このような発想が重要でしょう。現状の交通機関を下に地域を評価するだけでなく、望ましい地域に改善するという視点が重要です。望ましくない地域を除外することで、人口密度が一定、たとえば40人

/ha を確保できるのであれば、その地域を居住誘導区域とすべきです。そして、居住誘導区域が暮らし続けやすい地域になるように改善すべきです。

　そもそも立地適正化はコンパクト化を進めるだけでなく、ネットワークを整備し、暮らしやすい地域を目指していたはずです。ところがB自治体の多くは、現状を下に地域を評価し、不便な地域は縮小の対象としてしまい、改善するという視点が欠落しています。

5　日常生活圏の整備が重要

生活圏とは

　年齢、職業などによって日常的な行動範囲はさまざまです。しかし、子ども、高齢者などの場合、日常的な行動範囲は自宅近くに限定されます。2016年時点で14歳未満の子どもと65歳以上の高齢者は全人口の39.7％を占めています。今後、子どもは減り、高齢者は増え、両者の合計は50％程度にまで上がります。国民の二人に一人は高齢者か子どもです。社会人であっても、自宅にいる時間が長い人、休日などは自宅周辺で過ごす人もいます。また、広範囲に動く人であっても、子どもの学校との関係、親の介護などは自宅周辺での関わりになります。

　このような日常的な生活の範囲を「生活圏」といいます。人々が日常生活で使う学校、保育所・幼稚園、各種の子育て支援施設、介護関係施設、障害者施設、社会教育施設、文化・スポーツ施設等の公共施設、さらに医療機関、商業施設等が生活圏に整備されているかどうかが重要です。これらの施設が生活圏にきちんと整備されている地域は暮らしやすい地域ですが、そうでない地域は不便な地域です。

　小学生が無理なく動くける範囲はだいたい$1km^2$です。日本の都市部では、この範囲が1小学校区になります。人口の目安は1万人です。

まちづくりを進める場合、通常この１小学校区が生活圏になります。多くの市民が町名を聞いて地域をイメージできるのはこのぐらいの範囲です。そのためこのぐらいの範囲ですと市民が共通の認識で議論し、まちづくりを進めることができます。避難計画を立てる場合、あまり避難所まで遠いと、避難できません。

　一般的に小学校区二つで、中学校区一つになります。そのため、中学校区の面積は小学校区の２倍です。介護保険では、中学校区を生活圏としていますが、広いと思います。生活圏の整備を考える場合、できる限り小学校区を基本とすべきです。

公共施設は規模よりも生活圏との関係を重視すべき

　公共施設等総合管理計画等に基づき、公共施設の統廃合が進み出しています。特に目立つのは子どもの施設です。公立保育所と公立幼稚園を統合し認定こども園にする動きが全国で生じています。そのなかで大阪府八尾市は、認定こども園を中学校区に一つ整備するとしています。これはまちづくりから見ますと大きな問題です。認定こども園は就学前の子どもが使う施設です。にもかかわらず小学校区より広い範囲を基本に整備するのは無理があります。スクールバスがあるからいいという考えもありますが、幼稚園の子どもがいったん家に帰った後で友達と遊ぶとき、スクールバスは使えません。簡単に歩いて行ける距離に友達がいなければ、この子どもは降園後、孤立してしまいます。また保育所の子どもは登園時間がバラバラなためスクールバスが使えません。そのため保護者が送迎しますが、中学校区を基準に整備しますと、小さな子どもを連れて歩いて行くには遠すぎます。

　また大阪府松原市は、地域にある図書館を統合し、大規模な図書館を中心部に一つ造るとしています。図書館は日常的に使えることが重要で、バスや電車を使わなければいけないような距離ですと、だんだ

ん使わなくなります。

　子どもの数を確保するため、大規模な方がニーズを満たしやすいためなどという考えで公共施設を統廃合しようとしています。しかし公共施設で重要なのは規模よりも、使いやすさです。規模については施設間の連携などで補えますが、立地については対応が困難です。市民が日常的に使う公共施設は原則として生活圏を基本に整備すべきであり、規模を確保するため、その原則を逸脱すると、非常に不便な地域になってしまいます。その結果、「子どもの減少→施設の統廃合→子育てが不便な地域→子どもの減少」という悪循環を招きます。

　保育所、高齢者施設、スポーツ施設をはじめ、日本の公共施設は不足しています。市民ニーズを踏まえ、日本の経済力にふさわしい公共施設を、生活圏との関係で適切に整備すべきです。ここに公共施設を巡る最大の課題があり、統廃合は例外的な課題です。

生活圏での移動手段確保が重要

　人口が急増した20世紀、公共交通整備の課題は、郊外住宅地と都心部を結ぶ鉄道整備、都心部を移動するための地下鉄整備でした。それらに求められたのは、高速で大量の輸送でした。しかし今後、増える雇用は医療・福祉、対人サービス関係で、それらの多くは居住地で発生します。かつてのように郊外から中心部に通勤する人の数は減ります。

　生活圏を踏まえ公共施設を整備すべきですが、すべての市民が歩いて利用できるわけではありません。歩いてアクセスしにくい人に対しては移動手段を保証しなければなりません。

　これから必要となる交通は、地域内でのさまざまな移動に応える移動手段です。かつてのような郊外から都心部ではなく、地域内でさまざまな場所からさまざまな場所への移動になります。朝夕に大量の人

を運ぶのではなく、さまざまな時間帯に、少人数の人々を運ばなければなりません。鉄道やバスなどの大量輸送手段よりも、地域内での細々としたニーズに応える移動手段が必要となります。福祉有償輸送など、いくつかの取り組みが見られますが、地方創生で重視しているネットワークの形成が重要です。

生活圏とコミュニティの関係

　生活圏は公共施設整備等、施設整備との関係で重要ですが、同時にコミュニティの単位としても重要です。日本では伝統的に小学校区単位で自治連合会、老人会、婦人会、社会福祉協議会等、さまざまな住民組織が形成されてきました。もちろん小学校区とずれている地区もありますが、普通は小学校区を意識してそれらのコミュニティ組織が形成されています。

　地域で子どもの安全を守る、自然災害に対して地域の防災力を高める、地域で高齢者の見守りを行うなど、地域単位での取り組みが重要です。その要になるのが小学校です。地域のお祭り、避難訓練、運動会など、さまざまな行事を小学校で行うことが多いと思います。小学校と地域には密接な関係があります。子どもの数が減るからという理由だけで小学校の統廃合を進めますと、地域コミュニティに大きな影響を与えます。また、まちづくりは時間をかけて行います。小学校区が簡単に変更されますと、生活圏の整備が混乱します。

　「小学校区＝生活圏＝コミュニティの単位」という関係はまちづくりを進める上で非常に重要であり、安易に変えるべきではありません。

コミュニティ活動と行政責任の関係

　生活圏、コミュニティを重視すべきですが、それが行政責任の後退とセットで進められると大きな問題です。地域包括ケアの考え方は重

要ですが、公助（行政の役割）の比重を減らし、互助（市民の助け合い）の比重を高めるというのであれば大きな問題です。

　地域の運営は行政と市民が共同で進めるべきです。市民任せでは無理です。生活圏に整備する公共施設は、先に上げたような施設に留まらず、行政の拠点（支所）も含めるべきです。そこを拠点に、生活圏内の子育て支援、高齢者介護、障害者支援、社会教育、身近なまちづくり、防犯、防災などを、行政職員と市民が共同で議論し、進めるべきです。

　人口減少のなかで効率的な行政にするためアウトソーシング（外部委託や民営化）が進められています。しかし、市民にとって効率的とは、市民ニーズに沿わない施策を見直し、ニーズに合った施策を展開することです。市民ニーズを適切にとらえる方法は、市民とともに考えることです。市民生活に関連した施策を本庁で決めるのではなく、市民に身近な支所で市民とともに考えられるようにすべきです。このような方法を行政の「地域化」と呼びます。効率的な行政を進めるのであれば、民営化ではなく地域化を進めるべきです。そして、行政と市民が車の両輪として、地域の運営にあたるべきです。

参考文献
1　1990年代の開発及びその結果については、拙著『行政の不良資産』自治体研究社、1996年。拙著『検証・大阪のプロジェクト』東方出版、1995年を参照。
2　公共施設統廃合の動きについては、拙著『人口減少と公共施設の展望』自治体研究社、2017年2月を参照。
3　本章で引用した自治体の文献は以下の通り。
　・大村市「大村市新幹線新大村駅（仮称）周辺地域まちづくり計画」2014年8月
　・長崎市「交流施設の基本的考え方」

4　本書ではリニアや新幹線整備そのものの是非は検討していません。下記の文献が参考になります。
  ・西川榮一著『リニア中央新幹線に未来はあるか』自治体研究社、2016年2月
5　コンパクト化の割合は以下のように定義した。単位は％。
$$\frac{(居住誘導区域面積 - 市街化区域面積)}{市街化区域面積} \times 100$$
  数値が小さいほど市街地を大きく縮小することになります。

おわりに

自治体政策の展望

　本書で見てきたように、自治体消滅論に端を発し、人口減少を乗り切るためという理由で、大規模開発に乗り出そうとしている自治体が少なくありません。その結果、人口が減少しているにもかかわらず、あちらこちらで大規模な開発が計画されています。しかし、それらの多くは意図とは反対に、自治体消滅を現実化させる危険性が高いといえます。このような大規模開発に邁進しようとしている自治体を開発型自治体とします。

　それに対して、人口減少を的確に受け止め、市民と行政が一体となって、そのような事態を乗り切ろうとしている自治体もあります。それらの自治体は大規模開発に頼らず、少子化対策を進め、農林漁業や再生可能エネルギー、福祉で雇用を確保しようとしています。このような自治体を市民共同自治体とします。

　一方、人口減少に対して、どうすべきかがまだ明確に見いだせていない自治体も多数あります。どちらかというと開発型自治体と市民共同自治体の中間に位置する自治体で、保留型自治体とよびます。大規模開発に対する姿勢によって自治体はおおよそこの三つに分けることができます。

　21世紀に入り、大規模開発はかなり減りました。ところが再び開発型自治体が増えだしています。大規模開発によって地域の問題を打開しようとしている点で1990年代と似ています。しかし異なる点もあります。その一点目は、1990年代とは異なり開発型自治体が多数を占めていない点です。少ないながら市民共同自治体が存在しており、おそらく一番多いのは保留型自治体でしょう。リニア新駅や新幹線新駅が

できる自治体でも、開発型自治体と保留型自治体は半々です。

　開発型自治体には暴走ともいえる政策の転換を求めなければなりません。そうしなければ自治体消滅が現実化しかねません。保留型自治体には、迷わず、自信を持って市民共同自治体の方向をとるように働きかけなければなりません。市民共同自治体には、基本的な方向性を堅持しつつ、政策の充実を求めるべきです。

　自治体が地域の実態を踏まえた施策を追求すると同時に、その可能性を高めるため、自治体が連携して国に政策転換を求めるべきです。この両方を追求することで自治体は、今の時代にふさわしい自治体になります。

変革を進める主体の形成

　もう一つ 1990 年代と異なる点は、自治体変革を進める主体が明確になっていることです。1990 年代、大型公共事業、無駄な公共事業をとめさせる市民運動が広がり、大きな成果を上げました。そしていくつかの自治体は市民の力で大きく変わりました。しかし、1970 年代の革新自治体のように、多くの自治体を変えるまでには至りませんでした。

　それに対して、現在は自治体を変える力が顕在化しつつあります。それは全国的に進んでいる保守、革新を越えた市民の共同です。1990 年代には、このような共同の芽生えは、顕在化していませんでした。

　いま進んでいる自治体、地域を潰すような動きに対して、従来の保守、革新の線引きにこだわることは意味をなさないというよりも、有害です。基地によって地域の自然ひいては地域そのものが潰されてしまう、原子力発電によって命と暮らしが存亡の危機に立たされてしまう、大阪都構想で大阪市が消滅する。このような状況に対して、保守的な人、革新的な人がさまざまな共同を進めています。また、人口減少に向き合い、真剣に町おこし、村おこしを進めている自治体、地域

がたくさん存在しています。それらにも保守、革新の区分はほとんどなく、中心は共同です。コミュニティでも、子育て支援、高齢者支援、安全・安心などでさまざまな取り組みが進んでいますが、保守、革新を区分しているわけではありません。自治体消滅を招くような自治体に対しては、保守、革新を越えた共同で対抗すべきです。

　共同の内容はさまざまです。特に政党については地域の事情で共同している政党が異なります。1970年代の革新と言えば社会党、共産党の共同でしたが、今は地域の政治状況によって、さまざまな共同が成り立っています。

　もちろん保守、革新という区分が不要になったというのではありません。状況が保守、革新を越えた共同を促しているにもかかわらず、過去にこだわるのであれば有害という意味です。また、共同を基盤とした自治体が各地に誕生しだしていますが、誕生後、革新側から見ると批判せざるを得ないような施策を展開する場合があります。自治体の施策は首長だけが決めるものでなく、議会、市民の動向などで決まります。そのような場合、共同を基盤にしているからと言って必要な批判を押さえ込むべきではありませんし、直ちに決裂すべきでもありません。議論によって改善を目指すべきです。

まちづくりの展望

　市民共同自治体を中心に、地域経済という点では先駆的な施策が検討され、実現されだしています。その流れを大きくしなければなりませんが、まちづくりについてはそのような方向性が、明確にはなっていません。

　人口が減少する時代、まちづくりは下記の点が基本的な方向になります。一点目は、防災などを除くと大規模な開発を急ぐ必要はないということです。人口が増加するから大規模開発、人口が減少するとき

も大規模開発、こんなことを続けますと地域と暮らしが破滅します。二点目は、人口減少率が20％程度ぐらいまでであれば、いわゆる市街地を縮小するようなコンパクト化は不要だということです。重要なのは防災的に脆弱な地域を居住地から外し、その区域からの転居を速やかに支援することです。三点目は、人口減少＝コンパクト化などに惑わされず、生活圏の整備を進めることです。その際のポイントは、住み続けられる住宅、公共施設の整備、移動手段の確保です。

　少子化対策、高齢化対策、雇用対策にもまちづくりを通じて積極的に寄与すべきです。保育所や幼稚園、介護施設、社会教育施設、文化・スポーツ施設を生活圏との関係で充実させるべきです。そのようなまちづくりは、少子化対策、高齢化対策に積極的に寄与できます。それらは地域での雇用確保に繋がります。まちづくりを福祉や経済と関係づけて進めるべきです。

　人口が減少しているにもかかわらず、大規模な開発計画が全国で立案されだしています。それに警鐘を鳴らし、人口減少社会にふさわしいまちづくりの方向性を示そうとしたのが本書です。本書が今後のまちづくりに少しでも役立てば幸いです。本書は前著と同様、自治体研究社にお願いしました。担当も同じ寺山浩司さんです。短期間で仕上げられたのは寺山さんのおかげです。ありがとうございました。

2017年7月
中山　徹

著者紹介

中山　徹（なかやま・とおる）
1959年大阪生まれ、京都大学大学院博士課程修了、工学博士。
現在、奈良女子大学生活環境学部教授。（社）大阪自治体問題研究所理事長。
専門は、都市計画学、自治体政策学。

主な著書
『大阪の緑を考える』東方出版、1994年
『検証・大阪のプロジェクト』東方出版、1995年
『行政の不良資産』自治体研究社、1996年
『公共事業依存国家』自治体研究社、1998年
『地域経済は再生できるか』新日本出版社、1999年
『公共事業改革の基本方向』新日本出版社、2001年
『地域社会と経済の再生』新日本出版社、2004年
『子育て支援システムと保育所・幼稚園・学童保育』かもがわ出版、2005年
『人口減少時代のまちづくり』自治体研究社、2010年
『よくわかる子ども・子育て新システム』かもがわ出版、2010年
『人口減少と地域の再編』自治体研究社、2016年
『人口減少と公共施設の展望』自治体研究社、2017年

人口減少と大規模開発
――コンパクトとインバウンドの暴走

2017年7月20日　初版第1刷発行

著　者　中山　徹
発行者　福島　譲
発行所　㈱自治体研究社
　　　　〒162-8512 新宿区矢来町123 矢来ビル4F
　　　　TEL：03・3235・5941／FAX：03・3235・5933
　　　　http://www.jichiken.jp/
　　　　E-Mail：info@jichiken.jp

ISBN978-4-88037-667-7 C0031　　　印刷／モリモト印刷株式会社

自治体研究社

人口減少と公共施設の展望
――「公共施設等総合管理計画」への対応

中山　徹著　　定価（本体1100円＋税）

民意に反した公共施設の統廃合や民営化が急速に推し進められている。地域のまとまり、まちづくりに重点を置いた公共施設のあり方を考察。

人口減少と地域の再編
――地方創生・連携中枢都市圏・コンパクトシティ

中山　徹著　　定価（本体1350円＋税）

地方創生政策の下、47都道府県が策定した人口ビジョンと総合戦略を分析し、地域再編のキーワードであるコンパクトとネットワークを検証。

地方消滅論・地方創生政策を問う ［地域と自治体第37集］

岡田知弘・榊原秀訓・永山利和編著　　定価（本体2700円＋税）

地方消滅論とそれにつづく地方創生政策は、地域・自治体をどう再編しようとしているのか。その論理と手法の不均衡と矛盾を多角的に分析。

公民館はだれのもの
――住民の学びを通して自治を築く公共空間

長澤成次著　　定価（本体1800円＋税）

公民館に首長部局移管・指定管理者制度はなじまない。住民を主体とした地域社会教育運動の視点から、あらためて公民館の可能性を考える。

日本の地方自治　その歴史と未来 ［増補版］

宮本憲一著　　定価（本体2700円＋税）

明治期から現代までの地方自治史を跡づける。政府と地方自治運動の対抗関係の中で生まれる政策形成の歴史を総合的に描く。［現代自治選書］